## 땅통종주

해남 땅끝에서
강원도 고성 통일전망대까지
1,350km

땅뚱종주

초판 1쇄 인쇄  2021년 7월 20일
초판 1쇄 발행  2021년 7월 25일

지은이  나종대
펴낸이  金泰奉
펴낸곳  한솜미디어
등록    제5-213호

편집    박창서 김수정
마케팅  김명준
홍보    김태일

주소    05044 서울시 광진구 아차산로 413
        (구의동 243-22)
전화    02) 454-0492(代)
팩스    02) 454-0493
이메일  hansom@hansom.co.kr
홈페이지 www.hansom.co.kr

값 16,000원
ISBN 978-89-5959-545-7  (03980)

* 잘못 만들어진 책은 구입하신 서점에서 바꿔드립니다.

# 땅 통 종 주

나종대 지음

白頭大幹
—백— —두— —대— —간—

한솜미디어

| 추 천 사 |

## 땅통종주를 축하하며…

해남 땅끝에서 고성 통일전망대에 이르는 산줄기를 '땅통'이라 명명한 첫 완주자가 탄생했다. 『땅통종주』를 펴낸 나종대 씨가 주인공이다. 책을 펼치면 그가 밟고 지나간 산줄기를 따라 이야기가 전개된다. 오롯이 발품 팔아 쓴 종주 흔적이기에, 그와 함께 산줄기를 걷는 듯한 착각에 빠질 정도로 글과 사진이 생생하다. 수많은 산줄기를 넘나드는 그의 고군분투는 절로 경외감이 들 정도다.

나종대 씨는 어린 시절부터 지도 보기와 독서를 좋아했고, 한 권의 책을 내겠다는 꿈을 가졌다. 책 출간을 위해 백두대간을 홀로 종주하기도 했다. 하지만 책을 펴내는 게 그리 쉽지 않음을 뼈저리게 느끼고 더 부단히 노력했다. 이번엔 '백두에서 지리'를 아우르는 해남 땅끝에서 함북 온성까지 '삼천리금수강산' 종주를 계획했다. 그러나 분단국가임을 감안해서 시작은 땅끝에서 통일전망대까지, 이름하여 땅통종주였다. 무려 1,350km 대장정이다.

전체 65구간을 약 2년에 걸쳐 20여 번의 산행으로 완주했다. 하루 평균 20여km를 걷는데, 때때로 4~5일간 추위와 어둠을 헤치고 100km가 넘는 산행을 강행하기도 했다. 완주까지는 수많은 난관을 거쳐야 했다. 벌집을 건들이기도, 멧돼지와 만나기도, 맹견에 쫓기기도 했다. 그렇게 이 책은 땅끝에서 통일전망대까지 두 번의 봄, 여름, 가을과 한 번의 겨울을 품고 태어났다.

필자는 땅통종주 성공을 위해 톨스토이의 『안나 카레니나』에 나오는 "행복한 가정은 모두 엇비슷하고 불행한 가정은 불행한 이유가 제각기 다르다"는 첫 문장을 되새기며 '건강, 재정, 아내와의 대화, 난관을 헤쳐나가는 판단력 등 수많은 위험 요소를 잘 극복해야겠다'고 끊임없이 다짐하며 걸었다. 또한 종주 내내 '나는 지금 무엇을 하고 있는가? 온 산의 나무, 풀, 바람은 그대로인데 나그네처럼 나만 떠돌아다니는 것은 아닌가' 하고 고뇌하고 성찰했다.

홀로 산행의 외로움을 달래고자 EBS '책 읽어주는 라디오'를 청취하기도 했다. 톨스토이의 『안나 카레니나』에서 『이솝 우화』까지 '책 읽어주는 라디오'는 하루 종일 그의 동료가 되어줬고, 가슴에 문학에 대한 파고를 일으켰으며, 인문학적 소양을 함양하는 데도 큰 도움을 줬다. 땅통종주는 한 마디로 산과 책, 라디오가 함께하는 여정이었다.

『땅통종주』는 총 3부로 구성된다. '땅끝에서 백두대간 영취산까지', '지리산에서 이화령까지', '이화령에서 통일전망대까지'다. 여기에 어렵게 이룬 네 가지 버킷리스트 경험담과 후기도 추가되어 있다. 특히 '첨부'에 실린 기획안을 보면 놀라지 않을 수 없다. 땅통종주의 성공적인 완주는 오로지 그의 철저한 계획에서 비롯됐다.

정년퇴직을 앞두었던 나종대 씨는 '산악작가'라는 제2의 인생계획을 세우고 땅통종주를 계획했다. 10여 년의 산행과 두 번의 백두대간 종주 경험이 있던 그는 우리 역사를 바로 알고자 한국사 시험 1급에 합격했고, 수많은 고전과 인문학 서적을 읽었다. 게다가 글쓰기와 사진 촬영 강습도 받았다. 그리고 평생의 꿈이었던 책 출간을 위해 우여곡절 끝에 월간 〈사람과 산〉에 19개월 동안 기사를 연재해서 책으로 엮어냈다. 책 전반에 걸쳐 '어떻게 종주해야 하나?' 하는 그의 고뇌를 엿볼 수 있다.

이렇듯 『땅통종주』는 단순한 종주산행 가이드 책자가 아니다. 산줄기와 산자락 주변의 인문과 지리는 덤이다. 필자가 제15구간 강천산 구역을 지날 때 『산경표』 저자 여암 신경준 선생의 생가에 들러 '세월이 흘렀지만 그때 신경준 선생이 족보 형태로 만든 『산경표』에 의해 우리는 물을 건너지 않고 전 국토를 등산할 수 있게 되었다'고 고백한다. 얼마나 뿌듯했겠는가. 또한 동학혁명 발상지 정읍의 산을 지날 때는 『실록 동학농민 혁명사』를 읽으며 온몸으로 체감하면서 걸었다. 게다가 이 책에는 두 해 동안 땅통종주하며 만났던 많은 사람들 얘기가 깃들어 있다.

함께 산행하거나 산에서 만난 사람, 땅통종주를 응원해 준 친구들과 가족, 특히 부인과 새로 태어난 손자 등등. 휴머니즘이 책 전반에 가득하다. 필자는 『땅통종주』가 앞으로 하나의 붐이 되고 뒤따를 사람들의 길잡이가 되었으면 한다. 언젠가 통일이 되면 온성까지 가겠다는 큰 꿈도 품고 있다.

월간 〈사람과 산〉 편집장 강윤성

| 작가의 말 |

## '땅끝종주', 1,350km 사색 길을 걷다

　6인 병실, 새벽 3시다. 커튼이 쳐지고 옆 병상의 곤한 숨소리가 들린다. 화장실을 가려고 어떻게든 일어서려는데 허리를 세우기 힘들다. 입원 사흘째. 허리 통증이 심해져 MRI를 찍었는데 2번 척추 압박골절이라고 한다.
　침대를 짚고 몇 번 용을 쓰고 나서 겨우 몸을 가눈다. 장애인들은 일상 이런 고통을 겪으며 살겠지. 서랍에서 진통제를 꺼내 먹는다.
　2018년 5월, 산악회의 주말 산행 중 소백산 금계능선에서 비탈길을 횡단하다 스틱이 부러져 구르고 말았다. 20m를 구르다 배낭 덕분에 겨우 멈췄다. 머리부터 살폈는데 돌이나 나무에 머리를 부딪지는 않아 '아, 살았구나!' 하고 안도했다. 허겁지겁 사고 현장으로 내려온 산악회원 두 분이 "큰 돌이 굴러 내려오길래 많이 놀랐다"며 내 몸을 살폈다. 허리에서 격심한 통증이 느껴졌다. 화장실을 다녀와 침대에 누웠는데, 쉽게 잠을 이루지 못하고, 지금껏 살아온 과거가 주마등처럼 떠오른다.
　나는 가정 형편상 실업계인 상고에 진학했다. 소농의 8남매 중 여섯째로 밑으로 동생이 둘 있어서 대학 진학은 언감생심 꿈도 꾸지 못했다. 상고를 졸업하고 스무 살에 한전에 입사했다. 서울에서 야간대학을 다니다 같은 직장의 눈 맑고 목소리 고운 서울 처자를 만났다. 몇 번 만나고 '바로 이 여자다'라는 확신이 들어 결혼하자는 장문의 손 편지를 보냈다. 지금으로 보면 프러포즈였다. 3학년 때 결혼했는데 나는 스물일곱, 아내는 스물다섯 살이었다.

나는 지리부도 보기와 독서를 좋아했다. 버킷리스트라는 말이 없을 때였지만 한 권의 책을 쓰는 걸 소원했다. 고교 시절에는 역사 소설이나 전쟁 소설을 즐겨 읽어 마거릿 미첼이 『바람과 함께 사라지다』를 남긴 것처럼 장차 6·25 전쟁을 소재로 한 소설을 쓰고 싶었다. 20대 후반에 조정래의 『태백산맥』, 이태의 『남부군』 같은 걸출한 분단소설이 쏟아져 소설의 꿈은 뇌리에서 멀어져 갔다.

40대에 접어들어 아내와 테니스, 마라톤을 하게 되었고, 어느 날 우편함에 꽂힌 산악회가 주관하는 '울릉도 독도 여행' 전단지를 보고 아내와 다녀오고부터 본격적으로 등산을 시작하였다.

주말마다 산악회를 따라다녔고, 2012년 봄에는 나사모 산우회(=나사모 산악회)에서 총무로 봉사하면서 한 달에 한 번 가는 백두대간 종주단에 참가했다. 진부령부터 지리산까지 남진하는 일정인데 한 번도 결석하지 않고 32구간을 마쳤다. 2014년에는 산악회 회장 일도 맡아 제법 열성을 보였다.

어릴 때부터 꿈꿨던 '한 권의 책'은 마음에서 떠나지 않았다. 백두대간 후기를 열심히 산악회 카페에 올렸으나 대절 버스에 실려 바다 표식지까지 친절히 깔아주는 편한 산행이라 아쉬움이 남았다. 여럿이 우르르 몰려다니고 앞사람 쫓기 바쁜 산행이라 생각할 여유도 없었다.

'한 권의 책'을 위해 홀로 백두대간을 종주하자고 결심하고 길에 오른

게 2015년 5월이었다. 지리산에서 백두대간 북진을 시작했다. 시중에 있는 백두대간 책을 15권가량 사서 탐독하는 동안 2016년 6월 진부령에 닿았다. 책을 출판하려고 하니 이제는 후기와 사진의 질이 문제였다. 지금 생각해 보니 원고는 초고草稿 수준이었고, 사진은 기록 위주의 '이정표' 사진이었다. 원고량이 부족하다는 출판사의 말을 듣고 인터넷에서 이것저것 자료를 모아 채우다 보니 수정하는 게 새로 쓰는 것보다 어렵다는 사실을 깨달았다.

2017년에 산악회 산행대장을 맡다 보니 백두대간 책자 출판 꿈은 점점 멀어져 갔다. 그러다 2018년 봄, 소백산에서 사고를 당했다. 아이러니하게도 땅통종주는 그때 입원한 병원에서 독서하는 와중에 구상한 것이다.

정진홍의 『인문의 숲에서 경영을 만나다』를 보면, 인간의 유전자 구조는 침팬지와 98.77% 일치한다고 한다. 만일 인간에게 창의성이 없었다면 침팬지와 별 차이가 없다는 것이다. 백두대간 기록은 시중에 수십 권 나와 있으므로 땅통종주길을 최초로 걸어봐야겠다고 결심했다. '삼천리금수강산'이라 할 때 삼천리는 해남 땅끝에서 두만강이 흐르는 함경북도 온성까지다. 당시는 문재인 대통령이 평양에서 김정은 위원장을 만나 남북 화해 무드가 조성될 때였다. 땅통종주길을 오르다 보면 북녘 땅 백두대간도 열릴 수 있으리라는 희망도 결심에 한몫했다.

그러나 백두대간과 몇 차례 해외 산행으로 경비를 수월찮게 지출한 터라 아내의 이해가 관건이었다. '열정계획서'를 작성해 퇴직 후 연금 수입으로 생활비를 해결할 수 있다는 점과 아들딸도 취직했으니 퇴직 후의 삶을 구상하는 땅통종주를 하고 싶다고 아내를 설득했다. 아내는 "그동안 고생했으니 한 번 해보세요" 하고 동의해 주었다. 아내의 응원에 힘입어 해남 땅끝에서 강원도 고성 통일전망대에 이르는 '땅통종주 계획서'를 정성껏 작성했다.

2019년 봄부터 땅통종주를 시작하기로 하고, 남은 6개월 동안 스스로에게 세 가지 미션을 주었다. 우리나라 역사를 알기 위해 '한국사 시험'을 보고, 땅통종주 구간에 포함되지 않은 필자 고향인 '호남정맥(200km)' 일부를 미리 걸으며, 종주 기록을 의미 있게 남기기 위해 산악 잡지에 종주기를 연재하기로 계획했다.

2018년 가을부터 호남정맥 1구간－섬진강 휴게소가 있는 광양시 망덕포구에서 시작하여 광양, 순천, 보성을 거쳐 땅통종주와 만나는 장흥 노적봉까지－을 걸었으며, 겨울 동안 한국사 시험 1급에 응시해 90점이라는 높은 점수로 합격했다. 한국사 시험 당시 35세 이상은 교실에 나 혼자뿐이었는데 높은 점수를 받고 보니 나이는 숫자에 불과하다는 자신감을 갖게 되었다. 〈사람과 산〉 강윤성 편집장에게 계획서를 보내 어렵게 연재 승낙도 받았다.

2019년 4월 14일, 해남 땅끝에서 우리나라 최초 땅통종주길에 올랐다. 종주는 11개 국립공원을 거쳤다. 호남의 월출산, 무등산, 내장산과 백두대간의 지리산, 덕유산, 속리산, 월악산, 소백산, 태백산, 오대산, 설악산을 거치는 장장 1,350km 대장정은 2020년 11월 1일 고성 통일전망대에서 마쳤다. 65구간으로 나누어 한 달에 주로 4구간씩 걸었으며, 종주기는 월간 〈사람과 산〉에 19개월 동안 연재되었다.

주로 1박 2일로 산행했으며, 하루에 21km가량 걸어야 하므로 아침 일찍 산행을 시작했다. 등산객이 다녀 오솔길처럼 잘 다듬어진 길에 '카프리 땅통종주' 산행 리본을 달며 진행했다. 깊은 산속에 부는 바람과 지저귀는 산새 소리를 들으며 걷다 보면 영감이 뭉게뭉게 떠올랐다. 그러면 길가 쓰러진 나무나 바위에 걸터앉아 편지 쓰듯 메모장에 기록했고, 집에 돌아와 그 자료로 매달 잡지 연재분을 썼다.

홀로 걸으며 많은 생각을 했다. 41년간 회사라는 보호막에서 살았는데 퇴직 후 어떻게 살 것인가 고민했다. 생각이 끊기면 EBS '책 읽어주는 라디오' 프로그램을 다시 듣기로 청취하며 걸었다.

종주길이 평탄하지만은 않았다. 산중에서 멧돼지를 만나 혼이 나고, 하산 길에 맹견 세 마리와 맞닥뜨려 곤욕을 치르기도 했다. 지리산 종주 때는 감기 기운으로 열다섯 시간 걸려 힘들게 걸었고, 설악산에서는 너덜겅 구간을 타다 다리에 쥐가 났으며 설상가상 어둠 속에서 길까지 잃었다. 이제 환갑이 지났으니 이렇게 무리한 산행은 그만해야겠다고 자책했다. 그러나 초심을 돌이키며 마음을 다잡곤 했다.

돌이켜보니 종주를 성공리에 마칠 수 있었던 원동력은 '산행계획서'였다. 종주하는 2년 동안의 종주 기본 계획, 월간 및 주간 계획, 당일 산행계획서를 망라한다. 마음이란 시시때때로 변하게 마련인데 매주 월요일마다 주간 계획 시간표를 작성하면 한 주일 동안 할 일이 생겼고, 산행 시 당일 산행계획서를 가지고 가면 변수가 발생해도 대처하기 쉬웠다.

또한 땅통종주를 무사히 마친 건 아내의 도움이 컸다. 원고에 대한 이야기도 나누고, 많은 경비가 소요됨에도 묵묵히 지켜봐 주고, 통화할 때마다 '건강 잘 챙기라'는 따스한 말로 위로하고 격려해 주었다. 객지 숙소에서 이른 새벽마다 내 몸을 일으킨 건 아내가 아니었던가 싶다. 아들 진수, 며느리 지은, 딸 미수도 만나고 전화할 때마다 힘을 보태주었다. 땅통종주 중에 결혼한 아들과 며느리는 종주를 마친 작년 11월에 귀여운 손자 은율을 안겨주었고, 그 아이가 벌써 백일을 지났다.

홀로 외롭게 땅통종주하는 동안 동행 지원도 해주고 산악회 카페에서 댓글로 응원해 준 나사모 회원들과 중학 동창들, 종주 내내 잡지를 구독하면서 사랑을 보여준 친척들, 여동생과 매제, 친구들 그리고 책을 내는 데 용기를 준 전성태 작가님에게도 감사드린다. 한솜미디어 대표와 편집부의 정성도 가슴 깊이 새긴다. 본문에서 역사 유래를 설명하면서 출처를 밝히지 않은 사항은 한국문화유산답사회가 엮은 『답사여행의 길잡이』 시리즈를 주로 참고하였다.

글과 사진으로 우리 산하의 아름다움을 전하며 독자와 대화한다는 기분으로 걸었다. '한 권의 책'을 위해 세 번이나 백두대간을 걸었으므로 땀으로 쓴 책이라 말하고 싶다.

종주가 끝나고 〈사람과 산〉 가족들과 '땅통 쫑파티'를 가졌을 때 연재 담당 문예진 기자님이 "땅끝에서 진부령까지 걸었으니 통일 되면 금강산, 백두산, 개마고원을 거쳐 두만강을 만나는 함북 온성까지 한반도 종주도 가능할 거예요"라고 덕담을 했지만, 통일의 희망은 보이지 않고 나이만

들어가니 내 생에 기회가 다시 올지 알 수 없다.

  아내와 차를 몰고 가다 보면 가끔 땀 흘려 걷던 땅끝종주 산 너울이 보인다. 감회로 코끝이 찡해진다. 땅끝종주에 빠져 책상에서, 버스에서, 산에서 보냈던 시간을 어찌 잊을까. 시간이라는 건 지나면 쓸데없어지는 소모품인데 그래도 삶의 한 대목에서 '내가 한 건 했구나' 하는 자부심도 든다.

  나는 특별히 풍족하거나 용기가 있지 않았고 체력마저 저질이었다. 그런 나를 움직이게 한 건 무엇이었을까? 꿈이지 않았을까? 삶을 꿈꾸고 산을 사랑하는 분들과 나누고 싶다. 미력하나마 내 기록이 땅끝종주에 도전하실 분들의 길잡이가 되었으면 좋겠다.

나종대

**차례**

추천사 • 땅통종주를 축하하며… _ 4
작가의 말 • '땅통종주', 1,350km 사색 길을 걷다 _ 7

**1부**  땅끝에서 백두대간 영취산까지

### 1. 두륜산 구간(1-4구간) _ 22
땅끝 – 달마산 – 두륜산 – 주작산 – 서기산 – 13번 국도

### 2. 월출산 구간(5-8구간) _ 34
13번 국도 – 월출산 – 활성산 – 국사봉 – 노적봉

### 3. 무등산 구간(9-12구간) _ 46
노적봉 – 국사봉 – 계당산 – 천운산 – 무등산 – 유둔재

### 4. 강천산·추월산 구간(13-16구간) _ 60
유둔재 – 괘일산 – 강천산 – 추월산 – 밀재

### 5. 내장산 구간(17-20구간) _ 72
밀재 – 도장봉 – 내장산 – 망대봉 – 고당산 – 구절재

### 6. 임실 옥정호 구간(21-24구간) _ 86
구절재 – 왕자산 – 오봉산(옥정호) – 경각산 – 만덕산 – 모래재

### 7. 마이산 구간(25-28구간) _ 98
모래재 – 부귀산 – 마이산 – 장수 팔공산 – 장안산 – 영취산

**2부** 지리산에서 이화령까지

## 8. 지리산 구간(29-30구간) _108
중산리 – 지리산 천왕봉 – 성삼재 – 만복대 – 여원재

## 9. 덕유산 구간(31-34구간) _118
여원재 – 고남산 – 백운산 – 남덕유산 – 백암봉 – 신풍령

## 10. 전라·경상·충청 경계 삼도봉 구간(35-36구간) _130
신풍령 – 대덕산 – 삼도봉 – 우두령

## 11. 황악산·추풍령 구간(37-38구간) _142
우두령 – 황악산 – 괘방령 – 눌의산 – 추풍령 – 작점고개

## 12. 속리산 구간(39-42구간) _154
작점고개 – 웅이산 – 백학산 – 봉황산 – 속리산 천왕봉 – 늘재

## 13. 대야산·희양산 구간(43-45) _164
늘재 – 대야산 – 희양산 – 백화산 – 이화령

## 3부 이화령에서 통일전망대까지

### 14. 문경새재 구간(46-49구간) _ 180
이화령 – 조령산(문경새재) – 대미산 – 황장산 – 도솔봉 – 죽령

### 15. 소백산·태백산 구간(50-53구간) _ 190
죽령 – 소백산 비로봉 – 선달산 – 태백산 – 함백산 – 삼수령

### 16. 덕항산 구간(54구간) _ 202
삼수령 – 덕항산 – 댓재

### 17. 두타산 구간(55-56구간) _ 214
댓재 – 두타산/청옥산 – 석병산 – 삽당령

### 18. 오대산·점봉산 구간(57-61구간) _ 222
삽당령 – 고루포기산 – 대관령 – 노인봉 – 오대산 두로봉 – 갈전곡봉 – 점봉산 – 한계령

### 19. 설악산 구간·고성 통일전망대 도착(62-65구간) _ 236
한계령 – 설악산 대청봉 – 신선봉 – 진부령 – 죽변산 – 고성 통일전망대

**인터뷰**

1,350km 땅통종주 최초 단독 종주한 나종대 씨 _ 250
"통일 되면 백두산을 거쳐 한반도 끝까지 걸을 터"
(월간 〈사람과 산〉 / 글 : 문예진 기자 · 사진 : 정종원 기자)

**부록**

1. 버킷리스트 #1 : 지리산 태극종주 90.5km 경험담 _ 257
2. 버킷리스트 #2 : 백두대간 1·2차 종주 후기 _ 262
3. 버킷리스트 #3 : 설악산 태극종주 경험담 _ 284
4. 버킷리스트 #4 : 칼라파트라에서 에베레스트 일망무제 조망을 즐기다 _ 291

**첨부**

1. 땅통종주 기본 계획(안) _ 304
2. 땅통종주 1차 보완 계획(안) _ 310

## 종주 지도

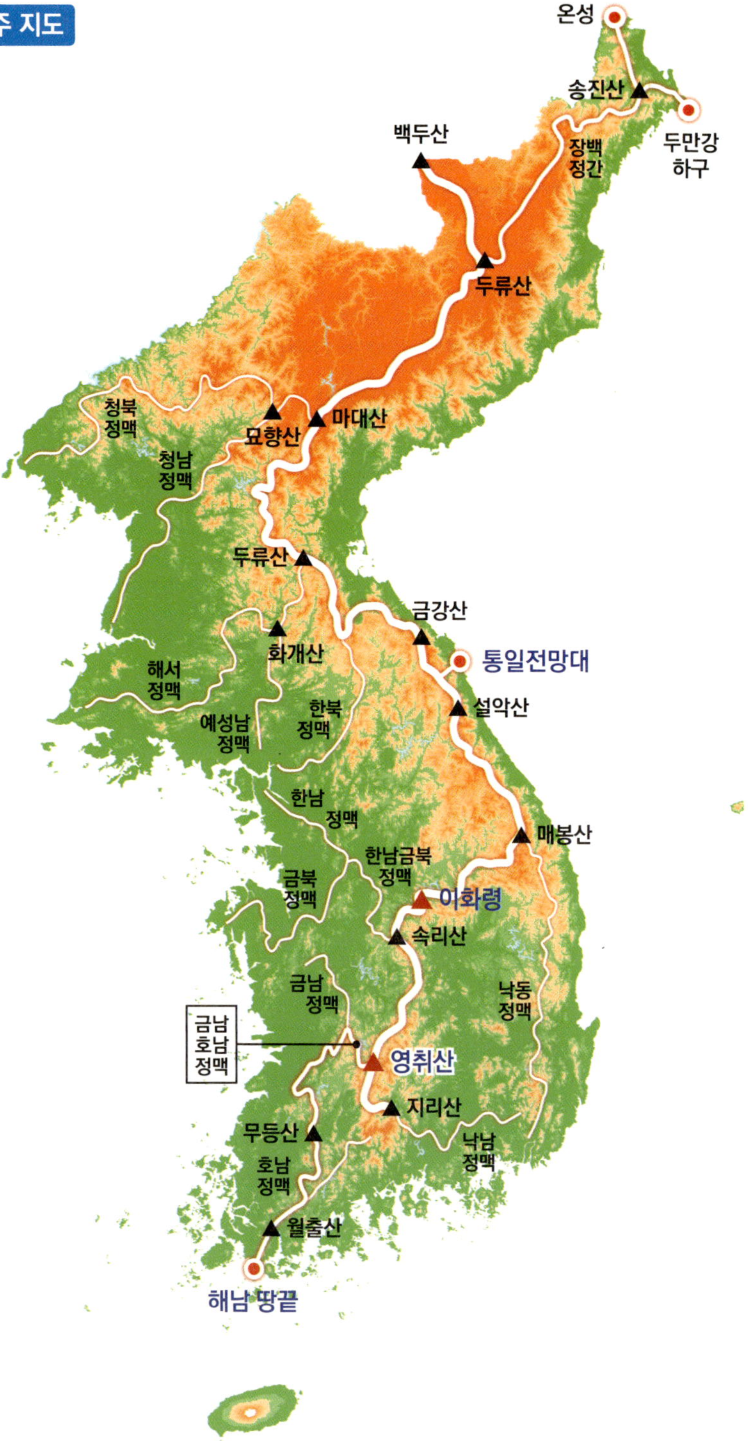

온성
송진산
두만강
하구
백두산
장백
정간
두류산
청북
정맥
묘향산
마대산
청남
정맥
두류산
금강산
통일전망대
화개산
해서
정맥
설악산
한북
정맥
예성남
정맥
한남
정맥
매봉산
한남금북
정맥
금북
정맥
이화령
속리산
금남
정맥
낙동
정맥
금남
호남
정맥
영취산
지리산
무등산
낙남
정맥
호남
정맥
월출산
해남 땅끝

# 1부

## 땅끝에서 백두대간 영취산까지

연초록으로 물들어가는
주작산, 두륜산

땅끝에서 통일전망대까지 ① **두륜산 구간**

## 꿈을 향한 여정, 그 첫발자국을 떼다

산악회와 함께 백두대간 종주를 마쳤다. 다시 홀로 백두대간을 종주했다.
시간이 흐르니 우리나라의 산줄기를 가장 길게 걷고 싶었다. 해남 땅끝에서
고성 통일전망대까지. 우리나라 최초로 걷게 되는 이 프로젝트를
나는 '땅통종주'라 이름 지었다. 그리고 2019년 4월 12일 첫발을 떼었다.
계획으로는 2020년 10월 24일에 끝낼 예정이나 중요한 건
계획대로 걷는 게 아니라 살피고 즐기면서 걷는 것이다.

## 제1구간
### 땅끝 – 달마산 – 이진재 – 저담정농장/22.2km/12시간 54분

### 통일전망대를 향한 대장정 올라

2019년 4월 14일 새벽 3시 30분, 알람이 울린다. 드디어 종주를 시작하는 날이다. 가족이 깨지 않도록 조심조심 씻고 아내가 간밤에 차려놓은 식탁에 앉는다. 아내는 국까지 끓여 놓고 잠들었다. 이번 종주를 두고 아내는 걱정이 많았고 어렵게 동의했다. 국을 데우자니 아내의 따뜻한 격려와 애쓴 마음이 느껴진다.

광주버스터미널에서 해남 땅끝행 새벽 버스에 오른다. 영암, 해남을 거쳐 땅끝마을에 가까워지니 설악 공룡능선을 닮은 달마산이 보인다. 시작이 반이다. 그간 땅통종주 계획을 짜고 준비하던 시간이 새삼스럽다. 땅통종주는 해남 땅끝에서 고성 통일전망대에 이르는 산길이다. 지금까지 울트라 마라톤(622km)으로 도로를 따라 뛰거나, 국토대장정으로 그만한 길을 걸은 사람은 있다. 그러나 산길을 이어서 종주한 사람은 없다.

나는 기꺼이 첫 종주자가 되고 싶었다. 백두대간을 두 번 걸은 경험이 있는데 걸어본 사람은 알겠지만 대간 중간에서 일정을 접고 내려온다. 진부령에는 숱한 종주자들의 아쉬움과 여망이 남아 있다. 그래서 한반도 산길은 그리움의 길이다. 늘 되풀이된다. 이번 종주의 끝은 강원도 고성 통일전망대지만 북쪽으로 백두대간길이 열린다면 한반도 끝 함북 온성까지 종주를 완성하는 꿈을 꿔본다. 작년 한 해 달아오른 남북화해 분위기가 나를 달뜨게 했는지 모른다.

나는 거창한 배경 없이 몸과 마음이 가벼운 산악인이다. 몸이 간지럽다고 할까? 눈앞에 펼쳐진 길과 그 길을 걷는 행위가 주는 열증 같은 부추김을 떨치지 못한다. 내년이면 41년 근무한 회사를 떠난다. 그것이 내 생의 어떤 매듭이라는 걸 알지만, 새로 시작하는 발걸음을 일깨워보고 싶었다. 물론 퇴직 후 보상심리처럼 그간 꿈꾸던 많은 일들을 해보리라 생각한 적도 있다. 그러나 여생 동안 아주 많은 것을 해보지 못할 것이다. 많은 걸 하기보다 꼭 해보고 싶은 걸 하는 게 지혜로울지 모른다. 아름다운 산하를 걸으며 여생을 보내고 싶다.

## 한반도 최남단 땅끝에 서다

표지석 앞에 선다. '국토순례 시발지' 표지판도 있다. 막다른 곳에 이른 게 아니라 바로 여기서 시작하려고 한다. 대장정을 기념하는 나만의 의식을 치르는 기분으로 새벽 미명에 휩싸인 표지석 앞에서 사진을 찍는다.

사자봉 전망대에 오르는 계단에 발을 딛는다. 2년 동안 1,350km를 치올라 갈 것이다. 해남 땅끝에서 서울까지 1,000리, 서울에서 함경북도 온성까지 2,000리로 잡아 선조들은 우리나라를 '삼천리금수강산'이라고 불렀다. 땅끝마을은 국토의 끝이 아니라 한반도의 시작점이 될 수 있다.

**한반도 최남단 땅끝에 서다.**

땅통종주 코스는 땅끝기맥을 타고 호남정맥에 접속하여 영취산에서 백두대간을 만난다. 백두대간 전 구간을 타기 위해 경남 산청군 시천면 중산리에서 출발하여 지리산, 속리산, 소백산을 거쳐 설악산 진부령까지 백두대간을 타고, 죽변분맥으로 내려 통일전망대에서 여정을 마치려고 한다. 한 달에 네 구간을 탄다 해도 꼬박 2년 넘게 걸릴 것이다.

달마산은 해남군에서 천년 숲길로 잘 다듬어놓았다. 좌우로 바다가 보인다. 도솔암 가는 길에 가랑비가 날린다. 도솔암은 미황사를 창건한 의조화상이 도를 닦으며 낙조를 즐겼던 곳이다. 도솔암에서 달마산까지는 연속된 암릉인데 운무가 짙어 연분홍 진달래와 암릉이 서로 색을 섞는 듯 신비롭다. 이런 풍경에는 조바심이 난다. 걸음을 멈추고 사진기로 연신 비경을 담는다. 4시가 넘으니 해가 나온다. 떡봉, 하숙골재, 대밭 삼거리를 지나 문바위가 나온다. 문바위를 넘을 때는 숨이 턱에 찬다.

달마산(불썬봉, 489m)의 이름 유래는 『신증동국여지승람』에 나온다. 고려 고종 때 남송의 배 한 척이 표류하여 가히 달마대사가 살고 있을 만한 산이라 하여 이름을 얻었다고 한다. 산은 높지 않으나 설악산 공룡능선만큼 난이도가 높다. 조망만 좋으면 달마산에서 한라산이 보인다는데 운무는 쉬 걷히지 않는다.

**웅장한 관음봉**

단단한 암릉을 인 산이 아직도 서너 개 남았다. 하룻길이 예정보다 늦어진 건 길이 힘해서도 그렇지만 사진 찍는 데 시간을 많이 쓴 탓도 있다. 해는 기울고 마음이 급해져서 그런가 관음봉 바위에서 미끄러져 엉덩방아를 찧는다. 휴대폰 손전등에 의지해 겨우 이진재에 도착한다. 더 나아가기 어렵다.

GPS 위치를 체크하고 택시를 부른 뒤 마을까지는 임도를 탄다. 해남 월송리 저담정마을은 돼지를 집단 사육하는 산골이다. 돼지농장에서 기르는 검은 사냥개가 사납게 짖어댄다. 산마을에서 두려운 건 개 짖는 소리다. 내 존재가 산골을 온통 깨우는 것 같아 민망하다. 택시를 타고 해남 읍내 모텔에 첫날 여장을 푼다. 식당이 문 닫을 시간이라 숙소 앞 식당에 들어 복어탕을 먹는데 밥 두 공기가 허겁지겁 넘어간다.

### 제2구간
**저담정농장 – 닭골재 – 두륜봉 – 오소재/16.1km/12시간 48분**

### 저담정농장에서 산행을 잇다

4월 15일, 새벽 5시에 일어나 여장을 꾸린다. 날씨가 쾌청하다. 간밤에 탈출한 저담정농장으로 돌아가 농장에서 이진재로 오른다. 닭골재를 거쳐 도솔봉으로 진행하는데 기차 화물칸 15량 길이만 한 암릉이 기다린다. 힘겹게 암릉을 타고 큰 봉우리(410m)에 올라 점심을 먹고, 두 번째 나타난 기차바위 암릉에서 쉬는데, 거무스레한 물체가 암릉 사이로 희끗희끗 움직이는 게 보인다. 혹시 멧돼지가 아닐까 하는 생각에 노래 한 곡 부르고 스틱으로 돌을 탁탁 치며 진행한다.

지금까지 백두대간과 정맥을 타봤지만, 땅끝에서 오소재 구간처럼 힘든 산길은 처음이다. 대신 조망이 좋아 완도대교 쪽을 바라보니 산, 바다,

들판, 농가와 어울려 남도 풍경이 한 폭의 수채화다. 풍경만 발길을 잡는 게 아니다. 암릉 지대를 벗어나 도솔봉을 오르는데 이번에는 나뭇가지와 가시덩굴이 배낭을 잡아당기고 모자를 벗긴다.

　오늘 산행은 벗이 있어 외롭지 않다. 벗은 EBS 라디오 고전 다시 듣기다. 『어린왕자』를 검색해 듣다 보니 살포시 미소가 흐르는데 말 그대로 진한 휴머니즘의 성인 동화다. 도솔봉 정상에 어렵사리 도착하니, 두륜산 8봉이 한눈에 든다.

　두륜산은 최고봉인 가련봉(703m)을 비롯해서 두륜봉(630m), 고계봉(638m), 노승봉(능허대, 685m), 도솔봉(672m), 혈망봉(379m), 향로봉(469m), 연화봉(613m)이 서로 겯고 서서 능선을 이룬다. 여덟 봉우리는 둥근 원형으로, 마치 거인이 남해를 향해 오른손을 모아 든 듯한 형상이다.

도솔봉 가는 길에
암릉 사이로 바라본 완도

오늘은 갈 길이 짧아 일찍 하산하여 광주에서 저녁 식사를 하려고 했는데 이미 틀린 듯하다. 두륜봉과 가련봉이 만만치 않아 체력이 급격히 떨어진다. 노승봉에 다다르자 서쪽 하늘에 일몰이 빨갛게 피고 있다. 노승봉에서 두륜산을 향해 사진을 찍는데 아내한테 전화가 왔다. 오늘은 거리가 짧아 광주에서 식사할 것이라고 어젯밤 통화했는데, 하산했다는 전화가 없어 걱정했다고 한다. 생각보다 길이 험해 이제 마지막 봉우리라고 했더니, 빨리 하산해야 하니 전화를 끊겠지만 곧 어두워질 테니 내려올 때 서두르지 말고 조심히 내려오라고 신신당부한다. 따스한 아내의 마음에 코끝이 찡해진다.

두륜산은 도립공원인데 주중이라서 그런지 종일 등산객 한 명 만나지 못했다. 오심재로 하산 길을 잡으려고 하나 길을 찾기 힘들어 몇 년 전 산

**노승봉에서 맞이한 일몰**

행 기억을 더듬어 너덜겅을 타고 내린다. 하산 속도가 많이 떨어져 또다시 휴대폰 손전등을 켰다.

밤길에 멧돼지를 만날까 조마조마하다. 아침에 이용했던 택시기사를 불렀다. 오후 8시경 오소재로 하산하여 택시를 탔는데, 기사분이 오래 기다렸다며 걱정 반 타박 반이더니 내 몰골을 보고는 급기야 핀잔을 준다.

"이게 등산이요? 노동이제."

맞는 말씀이다. 해남터미널에서 광주행 버스를 타고 오면서 택시기사분의 말씀이 자꾸 되새겨진다. 뭔가 긴장하며 산행한 듯하고, 벌써 산행의 즐거움을 놓친 듯하다. 다음부터는 동무들을 만날 수 있는 토요일과 일요일에 산행 일정을 잡아야겠다.

피곤한 가운데도 이틀 동안 걸었던 땅끝기맥 길이 눈에 삼삼하다.

**제3구간**
오소재 – 주작산 – 계라리고개 / 17.1km / 10시간 29분

### 해남의 명문가 녹우당

5월 1일, 2주 만에 다시 땅통 3, 4구간 산행에 나선다. 오늘 산행 초입은 오소재다. 택시로 827번 지방도를 지나는데, 해남의 명문가 '녹우당' 관광 표지판이 보인다. 녹우당은 조선 중기 학자이자 시조작가인 고산 윤선도와 그의 증손이며 선비 화가로 유명한 공재 윤두서를 배출한 명문가의 터전이다. 넓은 벌판을 끼고 덕음산 아래 아늑하게 자리 잡고 있다. 문외한이 봐도 명승지처럼 보인다.

오늘 걸을 3구간은 주작능선을 거친 다음 작천소령을 지나 해남군 옥천면과 강진군 도암면의 경계인 계라리고개까지 가는 여정이다. 진달래는 어느덧 자취를 감추고, 빨간 철쭉이 피어 암릉과 하모니를 이루니 눈부시다. 계라리고개를 앞두고 첨봉에서 점심을 먹는다. 라디오 다시 듣기의 오늘 프로그램은 톨스토이 대표 단편선이다. 나 같은 홀로 산객에게 라디오는 이점이 많다. 우선 라디오 소리로 야생동물에게 내가 가고 있다는 신호를 준다. 아울러 무료함도 달래준다. 성우의 멋진 목소리와 연초록에 취해 걷다 보니 한결 수월하다.

갑자기 독사 한 마리가 발치에 나타난다. 뱀을 본 후, 바닥에 신경을 쓰고 걷게 된다. 그러다 보니 이제는 머리가 소나무 가지에 자주 부딪친다. 송화가 풀썩 날려 배낭과 등산복은 이미 누런색으로 범벅이다.

톨스토이 단편에서 솔깃하게 하는 구절이 들린다.

"열심히 하루 일하고 누리는 잠이 가장 달다."

명언이다. 휴대전화 메모장에 입력한다. 혼자서 하는 산행은 외롭지만, 여러 생각을 할 수 있고 행동도 자유로워 좋다. 어느덧 종착지 계라리고개에 도착한다. 계라리고개에도 해남 윤씨 충혼탑이 서 있다. 계라리고개

**철쭉이 핀 계절의 주작 능선**

에서 택시를 불러 10km 정도 떨어진 강진읍에 도착, 숙소를 잡는다. 저녁으로 삼겹살 2인분을 주문해 소주와 함께 한잔하고 숙소에 갔는데, 열심히 산을 탔다고 아침까지 깨지 않고 단잠에 빠졌다.

### 제4구간
계라리고개 - 서기산 - 제안고개 - 13번 국도/22.4km/11시간 26분

### 정약용과 해남 윤씨

5월 2일, 5시에 일어나 아침을 먹고 산행 들머리인 계라리고개로 가는 군내버스를 탄다. 차창 넘어 만덕산이 보인다. 만덕산은 다산 정약용이 귀양살이했던 다산초당을 감싸고 있는 산이다.

다산 정약용은 18년 귀양살이 동안 500여 권의 책을 썼다. 이렇게 많은 책을 쓸 수 있었던 배경에는 외갓집 해남 윤씨의 큰 도움이 있었다. 1801년 강진에 귀양 온 정약용은 주막집 뒷방(사의재)을 전전했다. 1808년 봄, 윤단이라는 해남 윤씨 선비 별장에 기거하면서 편안히 독서할 수 있었는데, 그곳이 다산초당이다. 다산초당에는 이미 천여 권의 책이 비치되어 있었고, 장서가로 유명한 해남 외갓집 녹우당에서 부족한 도서를 빌려 볼 수 있었다.

정약용 저서 중 우리 국토의 영역에 관한 귀중한 책 두 권이 있다. 1811년 고조선에서 발해에 이르기까지 우리 국토를 기록한 『아방강역고』를 썼으며, 1814년에는 한반도 북부 주요 하천의 유로를 기록한 『대동수경』을 완성했다. 아방我邦은 우리나라, 강역은 국경, 고考는 살피다의 뜻이다. 이 두 권은 발해 땅까지 역사를 기록하여 향후 국경 분쟁이 생겼을 때, 고구려의 넓은 강토가 우리 영역이었음을 주장할 수 있는 근거가 될 수 있는 서책이다.

선답자의 산행 후기에서 보니 제 4구간은 거리 23.5km로 봉우리가 19개여서 어렵다 했다. 계라리에서 약 1시간 정도 걸으니, 노란 폴리스라인 테이프가 나무에 처져 있다. 자세히 보니 2018년 아버지 친구에 의해 살해된 강진 여고생 살해 사건의 슬픈 현장이다. 오늘은 나뭇가지에 가려 조망이 별로다. 그러나 물을 마시며 쉬고 있으면 살랑살랑 시원한 바람이 불어와 숲속의 제왕이 된 듯한 기분이다.

서기산 2km 못미처 405봉이라는 암봉이 있어, 강진읍을 포함한 주변의 평화로운 산야를 둘러보았다. 힘들게 서기산(511m)에 올라 점심을 먹고 320봉에 있는 산불감시초소, 장근봉, 월출산 조망바위, 제안고개를 지나 13번 국도에 도착하니 오후 5시 30분이다. GPS로 남은 거리를 계산해 보니 아직도 4km 남았으므로, 여기서 산행을 접기로 한다. 택시를 불러 강진군 성전면 소재지로 가서 버스를 타고 집에 돌아왔다.

월출산을 향해
바람재를 오르는 산동무들

땅끝에서 통일전망대까지 ② **월출산 구간**

오두재 — 노적봉
활성산
불티재
월출산
13번 국도

## 월출산을 지나 호남정맥을 만나다

해남 땅끝에서 고성 통일전망대까지.
나는 이 프로젝트를 '땅통종주'라 이름 지었다. 이번 구간은
국립공원 월출산을 지났다. 화창한 날씨 속에 산악회 동료와 월출산을 넘었고,
활성산에서 비를 맞아 저체온증으로 중도 하산했지만, 한 달에 나흘간
신록의 산길을 걸어 땅끝기맥을 끝내고 호남정맥 노적봉에 도착했다.

### 제5구간
### 13번 국도 – 월출산 – 불티재/23.5km/11시간 52분

#### 산악 잡지에 땅통종주 연재 사연

초보는 용감했다. 잡지 연재 사연을 얘기하려니 귀가 다 화끈거린다. 돈키호테처럼 〈사람과 산〉 편집장에게 종주 취지를 담은 메일을 보내고, 전화로 "편집장님! 광주광역시 사는 등산인입니다. 땅통종주가 땅끝에서 통일전망대까지 산길 1,350km인데요, 우리나라 '최초'에다 '최장거리'이니 연재 부탁드립니다" 했더니, 종주계획서를 메일로 보내보라고 한다.

하루 지나 편집장은 "검토해 보았으나 연재가 곤란하다"는 답변을 보내왔다. 나의 블로그 글과 사진을 보니 질이 떨어지고, 이런 장거리 종주를 하다 그만두는 사람이 많기 때문에 지면을 할당하기 어렵다고 했다. 통화 중 16일간 네팔 '에베레스트 트레킹'을 간다고 하니, 다녀와서 사진과 후기를 한 번 보내라고 한다.

너무 기뻐 '루믹스 2' 신형 소형카메라를 사고 『DSLR 사진입문』, 『사진구도』, 『네팔 히말라야 트레킹』 책을 사서 열심히 읽었다. ○○여행사의 네팔 트레킹 일행 중 사진 전문 동호인이 있어, 사진 얘기하며 걷다 돌부리에 걸려 넘어져 오른발 정강이에서 난 피가 양말까지 적셨다. 갈비뼈도 아프고 오른쪽 손바닥도 퍼렇게 멍들었다.

저녁에 여행사 가이드에게 상처를 치료받고, 가이드를 졸라 〈사람과 산〉 2019년 3월 호 사진을 보며 공부했다. 로지lodge에서도 틈만 나면 『사진구도』 책을 보았다. 귀국 후 후기와 사진을 보냈더니, 편집장이 "땅통종주가 우리나라 최초"냐고 물어 "그렇다"고 했더니, 2019년 6월 호부터 연재를 시작하자고 한다.

### 불꽃처럼 솟은 월출산을 향해

5월 16일, 남한의 소금강이라는 월출산으로 간다. 지금까지 홀로 산행으로 외로웠는데, 오늘은 동행자 두 분이 있다. 나사모 산우회(이하 나사모) 동료 최명건(삿갓), 최명수(마스터) 씨이다. 오늘 산행거리는 20km가 넘어 광주에서 새벽 5시에 출발한다. 승용차를 몰고 월출산을 향해 가는데 동이 트고 불꽃처럼 솟은 월출산이 보인다.

"어떻게 남도 땅 질펀한 들판에 저런 공룡 같은 산이 솟았을까요?" 하다가, 월출산을 뚝 떼어 한라산 정상에 올려놓으면, 제주도가 세계적인 관광지가 될 거라는 얘기도 나눈다.

조곤조곤 얘기하다 보니, 어느새 산행 날머리 불티재에 도착했다. 하산해서 바로 광주로 갈 수 있도록 날머리 공터에 차를 주차하고, 강진군

천왕봉에서 바라본 구정봉 전경.
바람재를 품은 기암괴석이 돌불꽃을 이루고 있다.

성전면 택시를 불러 산행 들머리인 13번 국도로 이동한다. 가다 보니 아들 진수가 10년 전 군대 생활했던 성전의 육군부대가 보여 마음이 뭉클해진다.

산행코스는 13번 국도 아치탑에서 출발하여 별뫼산, 밤재, 월각산, 도갑산, 미왕재, 향로봉, 구정봉을 거쳐 월출산 천황봉에 올라 불티재로 하산한다.

### 월출산은 '달이 나오는 산'

월출산은 전남 영암군 영암읍과 강진군 성전면 경계에 있는 산이다. 월출산 북쪽에 위치한 영암 일대에서 초저녁 월출산을 보면 바위 봉우리들 위로 교교한 달이 떠올라, 백제 때는 '달이 나오는 산'이라는 월나악月奈岳, 고려 때는 월생산月生山을 거쳐, 조선시대부터 지금의 '월출산月出山'으로 불리게 되었다고 한다. 또 부산대 지리학과 손일 교수에 의하면, 월출산은 지질학적으로 거대한 바위 덩어리(巖體)라고 한다. 약 6천만 년 전(중생대 백악기 말) 관입한 화강암이 대략 3~5km 깊이에서 식으며 수많은 세월 동안 빗물에 씻기다 보니 단단한 화강암만 평야지대에 우뚝 선 것이다.

밤재, 월각산을 넘어 주지봉 삼거리에서 우연히 여성 세 분을 만났다. 세 분은 문필봉, 주지봉을 거쳐 천황봉으로 가던 길이었다. 동행한 남성 두 분이 그 여성들과 산악회에서 같이 산행한 경험이 있어 서로 인사를 나누고, 땅통종주하는 나를 소개한다. 우리는 불티재까지 간다고 했더니, 세 분도 초행길이니 동행하겠다고 한다. 여성이 끼니 분위기가 훈훈해진다.

도갑산에서 점심을 먹고, 갈대가 아름다운 미왕재와 향로봉을 거쳐 구정봉에 오른다. 구정봉은 꼭대기에 샘이 9개 있다고 해서 붙여진 이름이다. 샘은 오랜 세월 동안 화강암이 물에 삭아서 가마솥처럼 파인 바위 웅

덩이로, 큰 것은 지름이 3m에 깊이가 50㎝나 된다. 함께 아름다운 절경을 바라보며 간식도 먹고 사진도 찍는다. 세상에서 가장 아름다운 꽃은 인ㅅ꽃이라고 하지 않던가?

배틀굴을 거쳐 천황봉을 가다 뒤돌아본 큰바위얼굴은 생김새가 영락없는 사람이다. 머리부터 이마, 눈, 코, 입, 수염까지 선명하다.

천황봉을 힘겹게 올라 인증사진을 찍고 달구봉, 누릿재를 거쳐 불티재에서 오늘 산행을 마쳤다. 월출산 코스를 혼자 넘으려면 힘들었을 텐데, 산동무들 덕택에 무사히 통과했다. 산행 내내 월출산이 최고 등급의 암릉 산이라고 생각했다.

그런데 함께 산행했던 최명건(삿갓) 산우가 2020년 6월 심근경색으로 세상을 떠났다. 상가에 걸린 환하게 웃는 영정사진을 보며 산우가 세상을 떠났다는 것이 믿기지 않았다.

산행 내내 수많은 기암괴석이 눈길을 빼앗는다.

월각산에서 최명수(마스터, 우측) 나사모 산행대장과 함께

## 제6구간
## 불티재 - 활성산/10.9km/6시간 23분

### 우천으로 활성산에서 중도 하산

5월 19일, 오전에 날이 흐렸다 오후에 1~4㎜ 비 예보가 있다. 등산을 갈까 망설이다 '그 정도 비는 괜찮겠지' 하며 05시 10분 버스를 탄다. 불티재에서 산행을 시작한 지 20분쯤 지나자 비가 내려, 여름 고어텍스 재킷을 입는다.

강진군 옴천면 월곡저수지를 지나 GPS 트랙대로 마루금을 탔는데, 잡목이 이렇게 많은 구간은 처음이다. 발목에 스패츠를 착용했지만 가시가 다리를 찌르고 등산화에 빗물이 스며든다. 여럿이면 동병상련으로 참을 터인데 혼자라 짜증스럽기만 하다. 2시간 동안 고생하다 잡목지대를 빠져나오니 옆쪽에 임도가 있다. 잡초투성이인 이유는 땅끝기맥 등산객들이 마루금을 무시하고 편한 임도를 탔기 때문이다.

활성산活城山에 올랐는데 핸드폰이 빗물에 젖어 GPS 트랙을 볼 수 없어 길 찾기가 쉽지 않다. 비를 쫄딱 맞으며 길을 찾는데, KT 중계소까지 차로 올라온 50대쯤 보이는 남자가 나를 이상한 사람으로 봤는지, 차문을 열고 한동안 뚫어지게 쳐다본다.

배가 고파 여름 잠바를 껴입고 노지露地에서 가랑비를 맞으며 점심을 먹었다. 식사하고 나니 이가 덜덜 떨리는 저체온 증상까지 와서 산행을 접고 택시를 불렀다. 홀로 산행할 때는 좋은 날씨를 택해야 한다는 교훈도 얻었다.

### 제7구간
활성산 – 국사봉 – 차일봉 – 오두재고개/21.1km/9시간 31분

## 내년부터는 활성산의 아름다운 초원을 볼 수 없다

5월 21일, 광주터미널에서 05시 10분 버스를 타고 영암버스터미널에 도착하니, 이틀 전 우중산행 때 이용했던 예약 택시가 기다리고 있다. 택시를 타고 활성산(498m)에 내렸는데, 이틀 전과 달리 날씨가 화창하다. 대관령처럼 푸른 초원에 풍력발전기가 돌고 있다. 정상 일대에는 660만㎡(200만 평) 규모의 구 서광목장이 있다. 목장은 1998년 모기업인 서광그룹의 부도로, 2004년 영암목장 상호로 바뀌어 운영되다가 폐업하였다. 그 부지에 골프장을 세울 계획이었으나 지역 주민의 반대로 무산되었고, 2013년 대명 GEC에서 풍력발전기 20개를 설치 가동하고 있다.

활성산 정상에서 풍력발전기를 배경으로 사진을 찍고 KT 중계소, 폐허

활성산 풍력발전기

가 된 서광목장을 지나 초지를 타고 진행한다. 언덕에 올라 뒤돌아본 풍경은 한 폭의 그림이다. 그러나 곧 활성산 초지를 볼 수 없다고 한다. 이 부지에 1,400억 원을 투입하여 2020년 8월까지 국내 최대 규모 100MW급 태양광발전소를 준공하기 때문이다. 시행사는 현 풍력발전기 소유주인 대명 GEC로, 2018년 9월 백운규 전 산업부장관이 착공식에 참석했다.

산길을 걷자니 좀 전에 택시기사가 했던 말이 생각났다. 지금 뜻있는 영암 사람들은 '영산강 하구언 세 곳 방조제 공사를 후회하고 있다'고 한다. 영암에는 독천 세발낙지를 비롯한 해산물이 넘쳤는데, 지금은 갯벌 수산물이 사라졌기 때문이다. 초원을 흉측한 태양광 패널panel로 입히는 것이 최선인가 다시 생각해 봐야 한다. 내년에 누군가 나처럼 땅통종주를 한다면 활성산 길은 낭만이 아닌 짜증스런 길이 될 것이기 때문이다.

### 세 마리 사나운 개를 만나다

영암에서 장흥으로 넘어가는 가음치(23번 국도)를 지나 오늘의 최고봉 국사봉國師峰(615m)에 오른다. 국사봉은 산기슭에 위치한 쌍계사에서 고려시대 두 분의 국사(큰 스승)가 배출되었다 하여 국사봉으로 불리게 되었다.

올망졸망한 산 너울을 타고 차일봉(382m)을 내려서자 영암군 금정면 남송리의 노룡재 인근 외딴집에서, 갑자기 세 마리 개가 사납게 컹컹거리며 달려온다. 오늘부터는 동물 퇴치 때 쓰려고 전자 호루라기를 배낭에 매달고 왔다. 얼른 호루라기 버튼을 누르니 '삑!' 하고 크게 쇳소리가 났지만 개들은 미동도 하지 않는다. 큰 개는 거의 어미 멧돼지만 하다. 다시 스틱을 바닥에 탕탕 치고 휘둘렀더니 작은 두 마리는 움찔 놀라는데 큰 개는 더 사납게 짖는다. 참으로 난감하고 두려워 궁리 끝에 조금씩 뒷걸음질 치지만 개는 조금도 물러남이 없다. 이렇게 하길 수차례, 외딴 가옥에서 어느 정도 멀어지자 더 이상 개들이 쫓아오지 않는다.

외딴 가옥 앞을 지나는 임도를 포기하고 GPS를 보며 산비탈 샛길을 뚫는다. 개를 풀어놓은 주인에게 따지고 싶었지만 개들이 집을 지키고 있으니 찾아갈 수도 없다. 개에게 쫓겨 걷는 산길이라 힘도 빠지고 자존심도 상한다. 만약 스틱이 없었다면 어떻게 방어했을까 생각하니 아찔하다.

노룡재를 지나 접어든 산길은 유난히 옻나무가 많아 몸이 근질근질하다. 아크로골프장이 있는 오두재고개에 도착하니 4시 30분이다. 거리를 확인해 보니 21km 걸었다. 개천산을 넘어 덕룡고개까지 가려던 계획을 변경해 산행을 마치기로 하고 아침에 탔던 택시를 불렀다.

택시기사가 소개해 준 식당에서 영암 도갓집 생막걸리를 곁들여 국밥 한 그릇 먹었더니 금세 기분이 좋아졌다. 식당을 나와 아름다운 월출산을 배경으로 찰칵! 찰칵! 셔터를 누르며 영암터미널까지 걸어 광주행 버스에 올랐다. 비록 개 때문에 곤란을 겪었지만 배고플 때 먹은 국밥 한 그릇과 막걸리 한 병으로 버스에서 곤한 잠에 빠져들었다.

샛노랗게 핀 금계국 너머로
활성산과 월출산이 보인다.

**제8구간**
오두재고개 - 각수바위 - 노적봉 - 운곡마을/21.1km/11시간 9분

### 땅끝기맥을 끝내고 호남정맥을 만나다

6월 1일, 05시 10분에 광주터미널에서 버스를 타고 영암터미널에 도착하니 미리 연락을 취한 택시가 대기하고 있다. 오늘로 네 번째다. 버스에서 내려 손을 들어 잠깐 마트에 간다는 신호를 보냈다. 온장고에 보관된 따뜻한 커피를 사는데 택시기사도 한 잔 마시고 싶다며 따라와서 내 커피 값까지 계산한다.

'커피 한 캔'으로 차 안에 온기가 돈다. 택시기사가 직장과 자제분은 어떻게 되느냐고 묻는다. 내가 다닌 회사와 아들딸 직장을 얘기했더니 본인의 딸과 사위는 치과의사라면서 부인은 손자를 돌봐주러 서울에 올라가 있다고 한다. 딸이 서울에 올라와서 같이 살자고 하지만 아직 건강하고, 택시를 몰면 하루 10만 원 정도 수입이 되어 지금은 가족보다 일을 우선시한다고 한다. 택시기사의 말을 들으니 그가 건전한 100세 시대를 살아가고 있는 것 같았지만 밥과 빨래를 스스로 해야 한다고 생각하니 안쓰러웠다. 그의 나이 올해 71세다.

오늘은 땅끝기맥의 마지막 산행이다. 4월 14일, 해남 땅끝에서 종주의 첫걸음을 내딛어 달마산 · 두륜산 · 주작산 · 서기산을 지나 월출산에 도착, 활성산 · 국사봉을 거쳐 오늘 노적봉에서 호남정맥을 만난다. 총 8일 걸렸고, 거리로 154km 걸었다. 땅끝기맥 용어는 『태백산맥은 없다』 저자이자 소아과의사인 조석필 씨가 명명命名했다고 한다.

오늘 산행코스는 아크로골프장이 있는 오두재에서 산행을 시작해 개천산, 덕룡고개, 소반바위산, 유치재, 각수바위, 노적봉을 거쳐 운곡마을까지 가는 21km 여정이다.

그동안 땅끝기맥 길이 거칠어 빨리 호남정맥 길을 만나고 싶었다. 오늘도 등산객 한 명 만나지 못했고 오소리 한 마리만 봤다. 산행 일주일 전에 읽었던 『데미안』을 다시 한 번 들었고 『대통령의 글쓰기』 저자 강원국과의 인터뷰도 네 편이나 들었다. 강원국 작가는 5년 전 우리 회사에서 강연한 적이 있다. 유명작가를 초빙하려면 꽤 많은 강연비를 줘야 하는데 나는 운동하면서 네 편의 강의를 들었으니 속담으로 비유하면 "도랑치고 가재 잡았다"라고 할 수 있다.

운곡마을에 도착해 산행을 마치고 택시로 장흥군 장평면에 있는 숙소(국일관) 앞에 내리니 입구에 빨간 장미가 예쁘게 피어 있다. 장평면 소재 식당에서 삼겹살 2인분을 시켜 혼자 식사하고 있자니 여럿이 모여 식사하는 사람들이 새삼 부럽다. 술 한 잔 걸치고 비틀비틀 나오니 세상이 아름답다.

"아! 조명도 좋고 빨간 장미도 예쁘구나."

마트에서 내일 아침 일용할 즉석밥과 컵라면을 샀다. 내일은 땅통종주에 속하지 않은 호남정맥 마지막 구간을 탄다. 장흥군 장동면의 갑낭재에서 오늘 넘어왔던 노적봉까지다.

참고로 나는 2018년 11월부터 광양시 망덕포구에서 호남정맥을 시작했다. 내일 노적봉까지 가면 땅통종주에 포함되지 않은 호남정맥 잔여구간을 마치게 된다. 거리는 GPS상 219km, 9개 구간이다. 호남정맥을 탄 이유는 땅통종주에 포함되어 있지 않은 호남정맥 구간을 개운하게 마치고, 스트레이트로 땅끝에서 통일전망대까지 올라가기 위해서다. 호남정맥까지 포함하면 총 1,550km이다. 온돌방에서 장평면의 신선한 공기를 마시며 잠자리에 든다. 등산은 곤한 잠에 빠지게 하는 마취제다.

원서석대에서 바라본
중봉 가는 길과 광주 시내

땅끝에서 통일전망대까지 ③ **무등산 구간**

## 호남 중심 무등산에 오르다

이번 구간은 무등산 국립공원을 지났다. 무더운 날씨와 우거진 수풀이 산행을 힘들게 했지만 신록이 물든 6월 남도 산하는 피톤치드 향기로 가득했다. 장흥군 운곡마을에서 노적봉으로 올라 무등산 규봉암과 북산을 거쳐 유둔재로 내려왔다.

### 제9구간
### 운곡마을 – 노적봉 – 국사봉 – 큰덕골재/17.1km/8시간 50분

#### 땅통종주 전에 두 번의 백두대간을 한 이유

나는 가난한 소농의 8남매 중 여섯째로 태어났다. 위로 세 명의 누님과 두 명의 형님, 아래로 여동생과 남동생이 있다. 어머님은 40세에 나를 낳으셨는데 부모님에 대한 기억은 뼈 빠지게 고생만 하셨다는 것이다. 아버님은 소로 쟁기질을 많이 했고, 뽕밭이 많아 누에를 많이 키웠는데 봄과 여름엔 새벽부터 저녁까지 일했으며, 방마다 누에 선반이 가득하여 밤새 온 식구가 뽕잎을 줬다.

내게 대학은 언감생심이었다. 어릴 때부터 문과에 소질이 있어 공고가 아닌 상고를 택했다. 책을 좋아해서 고교 때 광주에서 같이 자취한 친구 김병한의 누나가 서울에서 읽고 보내준 100권의 세계문학전집을 친구와 밤새 읽기도 했다. 상고를 졸업하고 스무 살에 한전에 입사하여 서울 소재 야간대학을 다녔다. 그리고 같은 직장에서 서울 토박이 아내를 만났다. 눈이 크고 목소리가 고운 처자였다. 첫눈에 반했는데 마침 주위에서 소개까지 해줘서, 만나고 세 번 만에 손을 꼭 잡았다. 대학 3학년 때 결혼하여 아들, 딸을 낳고 서울 전셋집을 전전했다. 마흔 넘어 생활이 안정되자, 아내와 함께 테니스와 마라톤을 했다.

2010년 봄, 아파트 우편함에서 평소 가고 싶었던 울릉도, 독도를 빚고 을토요산악회에서 간다는 팸플릿을 보고 아내와 처음 산악회 산행을 신청했다. 그것이 오늘까지 줄기차게 산을 타는 계기가 되었다.

첫 번째 백두대간은 2012년 6월부터 2014년 말까지 나사모와 진부령에서 지리산까지 내려오는 남진 산행이었다. 뭐든지 시작하면 깊게 빠지는 성격이라 대간도 무결석 완주했다. 백두대간을 타면서 어릴 적부터 꿈꿨던 '한 권의 책'을 염두에 두고 산악회 카페에 백두대간 후기를 열심히 썼지만, 산악회가 태워주는 편한 산행과 우르르 몰려다니는 걸음으로는 생각할 시간이 부족했다. 그저 대간을 완주했다는 것 외에는 남는 게 없는 허망한 산행이었다. 야간대학을 나온 까닭에 낭만 있는 대학생활을 한 친구들이 부러워, 홀로 상념에 젖어 하염없이 걷고도 싶었다. '맞아! 도전하는 거야. 그런데 뭘 주저하는 거지?' 스스로에게 주문을 걸었고, 백두대간을 마친 6개월 만에 홀로 두 번째 백두대간을 시작했다. 사실 아내와 함께하고 싶었는데, 아내는 테니스를 하다 무릎 수술을 했기 때문에 어쩔 수 없었다.

홀로 대간을 시작하니 사실 멧돼지가 무서웠고 지출이 만만치 않았지만, 일정을 짜는 데 구속이 없고 '나를 되돌아보는' 사색의 시간을 가질 수 있었다.

## 땅끝종주는 화순군에 접어들고

6월 15일, 2주 만에 땅끝종주길에 왔다. 버스를 타고 장흥군 장평면 소재지에서 내려 택시를 타고 운곡마을에 도착해 산행을 시작한다. 노적봉으로 올라 국사봉, 밤재, 큰덕고개를 거쳐 예재까지 24.2km 산행이다.

2주 만에 산길에 들어서니 녹음이 짙어졌다. 능선을 걸으니 살랑살랑 부는 바람이 걸음을 가볍게 한다. 숲길에 들어서면 처음엔 두렵고 외롭지만 금방 편안함이 밀려온다. 홀로 고독을 즐기며 걷다 보니 어느새 곰재에 도착했다. 산의 적막을 깬 것은 곰재 외딴집의 개 짖음이다. 오늘 아침에 탔던 택시기사의 2층집이 보인다. 곰재 지나 봉미산에서 도시락을 먹었다. 숫계봉, 군치산을 거쳐 큰덕골재까지 가는 길이 거칠다. 어제저녁에 잠을 설친 관계로 몸도 지친다. 큰덕골재에 도착하니 4시 30분, 지금까지 17km 걸었는데 아직 9km 남았다. 더 이상은 무리일 수 있어 화순군 이양면으로 하산키로 결정했다.

　이양면에는 모텔이 없어 출발하기 며칠 전 택시기사와 통화해 예약한 식당 옆 임시 숙소에 도착했다. 가격이 저렴하다고 생각했더니 컨테이너를 개조해서 허술하다. 허리가 90도 꼬부라진 주인 할머니가 준 수건과 걸레를 받아 컨테이너 방바닥을 닦고 간이샤워장에서 샤워 후, 이양 생막걸리를 곁들여 저녁 식사를 한다. 식사 후, 카메라를 들고 이양면 동네 한 바퀴를 돌다가 오랜만에 시골 기차역을 봤다. 광주에서 순천을 거쳐 경상도 밀양까지 가는 경전선慶全線 이양역이다. 이양역 앞 모를 심어놓은 논에 해가 붉게 비춘다. 붉은 노을을 보며, 어릴 적 고향 들판에서 일을 끝내고 돌아오시는 부모님과 밀레의 '만종'이 생각났다.

　9시 못 되어 일찍 잠자리에 든다. 기차 오가는 소리가 종종 들렸지만, 하루 동안 산을 탄 피곤함으로 깊은 잠에 빠졌다. 조그만 마을 이양면에

이양역에서 바라본 일몰

서 잔 것이 도시 모텔에서 숙박한 것보다 훨씬 운치 있었다.

### 제10구간
### 큰덕골재 – 계당산 – 두봉산 – 말머리재/30km/13시간 10분

#### 욕심부려 힘들었던 산행

"한 시간 행복하려면 낮잠을 자라. 하루가 행복하려면 낚시를 가라. 1년이 행복하려면 유산을 물려받아라. 평생 행복하려면 다른 사람을 도와라."

어제 라디오에서 들었던 중국 속담이다.

6월 16일, 4시 30분에 기상하여 아침을 먹고 택시로 장덕골재에 도착하여 6시부터 산행을 시작한다. 산행코스는 큰덕골재에서 시작하여 고비산, 봉화산, 온수산, 예재, 계당산을 거쳐 개기재까지다. 시원한 아침에 산행하니 발걸음 또한 가볍다. 오늘은 유튜브에서 송가인의 트로트를 들으며 신나게 걷는다. 그러다 트로트에 싫증이 나서 라디오를 켰는데 수수께끼가 나온다. '열 놈은 잡아당기고, 다섯 놈은 들어가는 것은 무엇일까?' 정답은 '버선(양말)'이다.

드디어 오늘의 최고봉 계당산(580.2m)에 올랐다. 정상에 한 그룹의 등산객이 있어 반가운 마음에 어디서 왔냐고 물었더니, 광주에서 왔고 갑장 친구란다. 모임 명이 '평같친(평생을 같이할 친구)'이라고 한다. 이분들은 쌍봉사에서 계당산을 원점회귀(6.6km)하는 힐링 산행을 하고 있다. 무

계당산 정상에 선 필자

등산 막걸리를 한 잔 줘서 시원하게 마셨다.

개기재에 도착하니 20km를 걸었고 2시 30분이다. 여기서 산행을 마쳐야 했는데, 다시 한 구간에 접어들어 고생만 했다. 중간에 말머리재로 탈출하여 30km를 걸었다. 이래서 순간의 판단이 중요하다. 만일 말머리재로 탈출하지 않고 돗재까지 갔다면 36km를 걸었을 것이다. 여름에 접어들었으니 가능한 한 아침 일찍 산행해서 오후에 빨리 끝내야겠다.

**제11구간**
말머리재 - 천운산 - 별산 - 어림고개/32.3km/16시간 3분

### 어두워져 별산에서 중도 하산

독일 소설가 장 파울Jean Paul은 "인생은 한 권의 책과 같다"라는 말을 했다. 우물쭈물하다 보니 어느새 나이 육십이 되었다. 내 능력으로 소설, 시를 쓴다는 것은 쉽지 않지만 '한 권의 책'을 목표로, 땅통종주라는 아이디어를 내어 홀로 산행하고 있는데 주위에 걱정하는 분들이 많다. 〈사람과 산〉 잡지를 정기 구독하는 여동생이 개에게 쫓기는 글을 읽고 깜짝 놀라 전화를 했다.

"오빠, 제발 조심해!"

2년만 지나면 장정도 끝난다는 생각으로 산행하지만, 여기저기서 건강 잘 챙기라는 얘기를 듣다 보면 마음이 약해져 가는 나를 발견한다.

6월 23일, 05시 03분 광주버스터미널에서 화순 가는 첫 버스를 타고 화순터미널에 도착하여 택시로 들머리인 이양면 용반리 고암촌으로 간다. 들머리 고암촌에 도착해 보니, 새벽에 비가 와서 풀이 젖었다. 빗물을 털고 말머리재에 올라 라디오에서 흘러나오는 최인호 작가의 역사소설『상도』를 들으며 진행하는데, 갑자기 왼쪽 다리 옆으로 동물이 '우당탕' 스치고 지나간다. 깜짝 놀라 쳐다보니 회색 오소리다.

"오소리야! 내가 라디오를 켜고 가면 미리 알고 앞으로 도망쳐야지, 왜! 간 떨어지게 그러니?"

산행 2시간 후부터 햇볕이 난다. 돗재, 천운산, 서밧재, 천왕산을 지나 묘치고개에 도착하니 5시 30분으로 24.3km를 걸었다. 그런데 오늘은 어림고개까지 가야 할 이유가 있다. 다음 주 일요일(6.30.) 번개 산행을 나사모 카페에 올렸기 때문이다.

별산 오름이 만만치 않다. 힘도 떨어졌는데 산죽도 많다. 스패츠를 착용하지 않아 뱀이라도 밟을까 봐 스틱으로 산죽을 젖히며 진행하니 속도가 느려진다. 고생해서 별산에 올랐는데, 김빠지게 풍력발전기가 운무에 싸여 있다. 별산 정상을 사진 찍고 GPS 트랙을 보며 진행하는데 어두워져서 길을 찾기 어렵다. 약 2km만 내려가면 어림고개인데 안타깝다. 아침에 탔던 택시기사에게 전화를 걸고 기다리고 있는데, 택시기사가 별산까지 올라가는 길을 잘 모르겠다는 전화가 왔다. 난감해하고 있는데 마침 승용차 한 대가 올라와 사정을 얘기했더니 타라고 하는데 차 안에는 부부와 사위, 딸과 젖먹이까지 5명이다. 고맙게도 광주행 시내버스가 많이 다니는 화순읍 정류장에 내려주었다.

화순에서 버스를 타고 집에 오는데 배는 고프지, 땀 냄새는 나지, 내 꼴이 한심스럽게 느껴졌다. 집에 들어가니 아내는 수고했다는 한마디뿐이다. '비록 오늘 하루는 고생스러웠지만, 내일은 다시 태양이 뜰 것이다' 생각하며 눈을 감았다.

### 어림고개-별산 보충 산행, 이틀 만에 별산을 세 번 오르고

피곤해서 일찍 잠을 잤더니 새벽 3시쯤 눈이 떠졌다. 멍하니 누워 있자니 별산에서 어림고개까지 진행하지 못한 코스가 생각나 졸린 눈으로 핸드폰을 열어 기상청 일기예보를 봤더니 하루 종일 날씨가 맑다. 오늘 별산에 오르면 조망이 좋아 마음에 드는 사진을 찍을 수 있을 것 같아 물 1리터를 냉동실에 넣고 다시 잠을 청한다.

6월 24일, 아침에 아내한테 "하루 휴가 내고, 어제 진행하지 못한 구간을 다녀오겠다"고 하니 알아서 하라고 한다. 퇴직을 앞둔 임금피크제 기간이라 휴가를 내는 데 부담이 없다. 아내가 싸준 도시락을 챙겨 승용차로 출발한다. 광주 시내를 거쳐 너릿재를 넘는다. 지금은 너릿재 터널이 뚫려 화순읍이 광주 생활권이 됐지만, 예전에는 도둑이 들끓는 험준한 고개였다고 한다. 오죽하면 광주 사람들이 행실이 고약한 사람을 비아냥거릴 때 "칼 들고 너릿재나 갈 놈"이라고 했겠는가?

어림고개에 차를 주차하고 별산에 올랐다. 그런데 생각보다 조망이 좋지 않다. 별산 전망대에서 차로 올라온 분을 만나 운 좋게 어림고개까지 차를 타고 내려왔다. 이왕 휴가를 낸 김에 운주사까지 다녀오기로 결정하고 차를 몰고 가다 화순군 능주면에 사는 친구 김용음에게 전화하니 점심이나 함께하게 오라고 한다. 능주에서 추어탕을 먹으면서 〈사람과 산〉에 땅통종주를 매월 기고한다고 했더니 능주에 있는 조광조 유배지, 영벽정, 삼충각 세 곳을 차로 가이드 해준다. 친구와 헤어져 운주사에 가서 사진을 찍고 집에 오는데 조망이 오전보다 좋아진 것 같아 차로 다시 별산에 올라 사진을 찍었다. 결국 이틀 동안 별산을 세 번 올랐다.

차를 몰고 집으로 가면서 추천하고 싶은 화순 관광지를 생각해 보니, 화순 군청에서 선정한 화순 1경인 적벽과 2경 운주사가 떠오른다. 동복면 적벽은 '죽장에 삿갓 쓰고' 전국을 떠돌던 김삿갓이 숨을 거둔 곳이며, 도암면 운주사는 천불천탑으로 유명한 사찰이다. 등산과 관광을 겸하고 싶다면 적벽은 옹성산, 운주사는 용암산을 겸하라고 추천하고 싶다. 바쁜 하루였다.

운주사 천불천탑

별산 전망대에서 바라본 적벽

**제12구간**
어림고개 – 안양산 – 무등산 서석대 – 북산 – 유둔재/22.4km/12시간 19분

## 무등산의 아름다운 주상절리

6월 30일, 나사모 카페에 올렸던 무등산 번개산행은 우천 예보로 취소했다. 7월 2일, 새벽 4시 50분에 일어나 승용차로 오늘 산행 날머리 유둔재에 차를 주차한다. 화순에서 부른 택시를 타고 유둔재에서 어림고개로 이동한다.

유네스코 세계문화유산에 등재된 국립공원 무등산의 아름다움은 독특한 주상절리 때문인데 서석대, 입석대, 규봉암 세 곳이 유명하다. 어림고개에서 산행을 시작한다. 코스는 두 가지로 하나는 어림마을 마루금을 타는 것이고, 다른 방법은 동네 앞을 지나는 임도를 타는 것이다. 정석대로 호남정맥 마루금을 탄다. 새벽에 가랑비가 내려서인지 마루금 길은 수풀이 젖어 있었다. 생길을 뚫으려니 힘이 들고 등산화에 물이 들어가서 첨벙거린다. 안양산 휴양림 벤치에서 양말을 벗어 물을 짜낸 후 안양산을 오른다. 오르다 보니 조망이 점점 좋아진다.

"구름아, 빨리 걷혀라!"

조바심을 내본다. 조망이 좋아질 시간을 벌려고 10시 30분경 안양산에서 이른 점심을 먹는다. 안양산에서 무등산 사진을 찍고 백마능선을 타고 장불재로 향한다. 백마능선 좌측으로 만연산과 화순 시내가 보인다. 화순은 정약용과 인연이 깊은 곳으로 아버지가 화순현감으로 발령받아, 형 정약전과 함께 화순에서 청소년기(16~18세)를 보낸다. 박석무 선생이 지은 『다산 정약용 평전』 기록에 의하면, 다산은 화순 만연사 아래 동림사에서 과거시험을 준비하면서 '무등산에 올라' 시를 짓고, 소태동에서 은어를 잡았다고 한다.

광주를 대표하는 무등산 서석대

### 무등산에 올라 (登瑞石山)

정약용

무등산은 모두가 우러러보는 곳
산꼭대기 험준한 곳에 해묵은 눈이 있다
태곳적의 모습을 고치지 않아
본모습으로 쌓여 있어 의연하구나
여러 산들 모두 섬세하고 정교하여
깎고 새긴 듯 뼈마디 드러났네
오르려 할 때는 길도 없어 멀고 멀더니
멀리 걸어오니 낮게 느껴지네
모난 행실 쉽게 노출되지만

무등산의 주상절리 입석대

규봉암

지극한 덕 덮이어 분별하기 어렵네

– 출처 『다산 정약용 평전』, 박석무 지음, 민음사

### 의병장 고경명과 『유서석록』

고경명은 광주 출신으로 임진왜란 때 활약한 의병장으로만 생각했는데 문학가이기도 하다. 고경명과 두 아들 종후와 인후 모두 과거시험 문과에 급제한 엘리트였지만, 왜적과 싸우다 고경명과 둘째 아들 인후는 금산전투에서, 첫째 아들 종후는 2차 진주성 전투에서 목숨을 잃었다. 고경명은 과거시험에서 장원으로 합격했으며 그가 1574년 4월 20일부터 5일간 무등산을 오르고 쓴 『유서석록遊瑞石錄』은 수준 높은 기행문으로 평가받는다. 또 후손 중 한말 의병장 고광순은 1907년 지리산 피아골에서 순국하는 등 400년 동안 노블리스 오블리주를 실천한 가문이다.

오늘은 박선홍 씨가 쓴 『무등산』을 읽고 산행했기 때문에 비록 혼자 걸었지만 가이드와 함께 걷는 기분으로 무등산 곳곳을 둘러보았다. 장불재에서 서석대를 올라 다시 장불재로 회귀하여 진행한 규봉암에서는 광석대를 찾는 행운도 가졌다. 북산을 거쳐 유둔재에서 산행을 마쳤다. 10시간으로 예상한 산행이 비록 2시간 더 걸렸지만 산속에 있어 행복했다.

집에 오니 아내가 보신하라고 닭백숙을 준비했다며 영양가 있는 것을 많이 넣었으니 국물까지 다 마시라고 한다.

수리봉에서 바라본
(우로부터) 추월산, 담양호, 강천산

땅끝에서 통일전망대까지 ④ **강천산 · 추월산 구간**

## 100대 명산 강천산 · 추월산 지나다

여름을 온통 붉게 물들이는 배롱나무와 수줍게 웃고 있는 주홍빛 능소화 그리고 대숲에 폭 둘러싸인 마을은 전라남도에서 흔히 볼 수 있는 정다운 정경이다. 이번 달 땅통종주 구간은 13구간부터 16구간까지 호남정맥 구간으로, 담양 유둔재에서 출발하여 곡성·순창을 지나 장성군 밀재에 도착했다. 또 호남고속도로와 광주대구고속도로도 통과했다. 장마가 계속되어 산행 날짜를 잡기 어려웠고, 산행 중 멧돼지 무리를 만나 많이 놀랐지만, 장마 뒤 뭉게뭉게 피어난 하얀 구름과 강천산·담양호·추월산은 환상의 경치를 보여주었다.

## 제13구간
유둔재 – 호남정맥 중간지점 – 방아재/24km/11시간 46분

### 빨간 배롱나무가 지천인 소쇄원 가는 길

담양은 '대나무 고장'답게 우리나라 대밭 면적의 4분의 1을 차지한다. 또 대나무의 푸름 못지않게 지조가 곧은 선비의 고장이었다. 추월산을 비롯하여 무등산과 이어진 산지에서 흘러나온 물줄기들은 담양 들판을 기름지게 했고, 그 덕에 예전부터 큰 지주가 많아 식자층도 꽤 두텁게 형성되었다. 중앙정계로 나아갔던 그들은 나이 들어 벼슬에서 물러나거나, 조선 사회를 뒤흔들었던 사화史禍 와중에 고향으로 돌아와 경치 좋은 곳에 정자와 원림園林을 꾸려 한세월 보내기도 했다.

13구간 시작 전에 아내와 오랜만에 배롱나무가 아름다운 명옥헌과 힐

*담양 명옥헌에서 만난 반영*

링카페 명지원을 찾아 힐링 시간을 가졌다.

7월 13일, 불볕더위를 감안해 새벽 5시에 출발한다. 아내가 산행 들머리 유둔재까지 차로 태워준다고 하여 광주 시내를 지나 담양군 고서 사거리에 도착한다. 고서 사거리에서 메

명지원에서 아내 류보경과 잠시 시간을 보냈다.

타세쿼이아가 죽 늘어선 정겨운 887번 2차선 도로를 달리다 보니 무등산, 광주호가 빨간 배롱나무꽃과 어우러져 그윽한 운치를 자아내고 있다. 식영정, 한국가사문학관, 소쇄원을 거쳐 유둔재에 도착하였다.

## 멧돼지를 만나다

아내와 작별하고 홀로 산길에 들어서는데, 조심해서 산행하라는 아내의 목소리가 귓가에 맴돈다. 산행코스는 소쇄원과 가사문학관 뒷산인 최고봉을 거쳐 국수봉, 수양산, 호남정맥 중간지점, 만덕산을 거쳐 방아재까지다.

가사문학관 뒷산인 호남정맥 최고봉(493m)에 올라 소쇄원 갈림길을 지나다 난생처음 멧돼지 떼를 만났다. 라디오 볼륨을 크게 높이고 가는데, 약 20~30m 전방에 큰 동물이 보였다. 다시 보니 어미 멧돼지다. 깜짝 놀라 나도 모르게 가벼운 헛기침이 나왔다. 나를 본 어미 멧돼지가 도망치니 새끼들이 우르르 계곡 아래로 도망친다. 약 2초간의 찰나에 벌어진 일이다. 놀란 가슴을 진정시키고, 멧돼지가 능선에서 오른쪽 계곡 밑으로 도망쳤으니 빨리 지나갈 양으로 스틱으로 돌을 탁탁 찍고, 인기척을 내려고 노래도 불렀다.

노가리재, 국수봉를 지나 대덕면 입석리 선돌고개에 도착하니 새로 지은 전원주택 단지가 보인다. 수양산과 만덕산을 지나 곡성군 오산면 방아재에서 산행을 마쳤다. 7월의 호남정맥은 수풀이 우거져 짜증났다. 길을 걷다가 목에 서늘한 느낌이 들어 손으로 목덜미를 만졌더니, 물컹하고 차가운 감촉이 느껴진다. 잡고 보니 큰 누에 두 배쯤 되는 녹색 벌레다. 깜짝 놀라 땅으로 내던졌다. 가렵지 않은 것으로 보아 다행히 독은 없었던 모양이다.

홀로 산행하면서 라디오에서 최인호 작가의 소설『상도』55편을 다 들었다. 한 편에 40분가량이다.『상도』는 예전에 읽었던 책이라 스토리가 머리에 잘 들어왔다.

**제14구간**
방아재 – 괘일산 – 방축재/23.7km/11시간 48분

### 행복과 불행한 가정에 대한 '안나 카레니나 법칙'

"행복한 가정은 모두 엇비슷하고 불행한 가정은 불행한 이유가 제각기 다르다."

톨스토이의 위대한 소설『안나 카레니나』에 나오는 유명한 첫 문장이다. 이 문장에서 톨스토이는 결혼 생활이 행복하려면 수많은 요소들이 성공적이어야 한다는 것을 말하고 있다. 즉 서로 성적 매력을 느껴야 하고 돈, 자녀 교육, 종교, 친인척 등등 중요한 문제들에 대해 합의할 수 있어야 한다. 행복에 필요한 이 중요한 요소들 중에서 어느 한 가지라도 어긋나면 나머지 요소들이 모두 성립하더라도 그 결혼은 실패할 수밖에 없다.

이 법칙은 결혼 생활뿐 아니라 인생의 많은 부분을 이해하는 데에도 도움이 된다. 우리는 흔히 성공에 대해 한 가지 요소만으로 할 수 있는 간단한 설명을 찾으려 한다. 그러나 실제로 어떤 중요한 일에서 성공을 거두려면 수많은 실패 원인을 찾아야 한다. 『총·균·쇠』에 나온 '안나 카레니나' 법칙 구절을 읽으며 땅끝종주에 대입해 보니, 종주에 성공하려면 건강·재정·아내와 대화·난관을 헤쳐나가는 판단력 등 수많은 위험 요소를 잘 극복해야 한다는 생각에 이르게 되었다.

## 2개의 고속도로를 지나다

7월 21일, 광주터미널에서 06시 05분 버스를 타고 곡성군 옥과터미널에 도착하여 택시를 타고 방아재로 간다. 산행코스는 방아재에서 연산, 호남고속도로, 과치재, 무이산, 괘일산, 서암산, 광주대구고속도로를 거쳐 순창군 금과면 방축재까지다. 오늘 산행 특징은 2개의 고속도로를 넘는 것이다. 차를 타고 호남 및 광주대구고속도로를 지나다 보면, '호남정맥 산 너울이 고속도로 어디를 넘는 거야?' 항상 궁금했다.

어제까지 비가 와서 연산 오르는 길이 젖었다. 거미줄이 자꾸 얼굴에 달라붙는다. 연산을 내려오니 바로 호남고속도로다. 지하차도로 호남고속도로를 통과하니 과치재에 대규모 소 사육장이 있다. 사육장 뒤편의 들머리를 어렵게 찾아 진행한다. 여름철에는 호남정맥 등산객이 적은 관계로, 무이산으로 접어드니 산길이 생길에 가깝다. 습도가 높은데 폭염주의보까지 내려 무덥다. 수풀이 우거지고 길에는 나무들도 쓰러져 있다. 잡목이 우거진 길을 헤치고 가다 맹감나무 가시에 코를 찔렸다. 얼마나 세게 찔렸는지 눈물이 찔끔 났다. 또 귀도 가시에 찔리고 몸에 상처도 많다. 핸드폰에서 거울 앱을 다운받아 땀범벅인 얼굴을 비춰보니 코가 피노키오처럼 빨갛게 부었다. 게다가 코를 풀면 진한 콧물이 줄줄 나온다.

괘일산掛日山을 오르니 우뚝 솟은 바위가 장관이다. 괘일산은 '해를 걸어 놓은 산'이라는 뜻인데, 한자 풀이와 달리 큰 바위 얼굴처럼 생겼다. 괘일

암릉 생김새가
인상적인 곡성의 괘일산

산 옆 암봉에서 아름다운 곡성 산야를 구경하며 점심을 먹고 사진도 찍었다. 오후 들어 기온이 올라 땀이 줄줄 흘러내린다.

서암산 지나 순창군 금과면 목동리에 내려서니 잘 익은 복숭아가 주렁주렁 달려 있다. 이후 방축재, 봉황산과 광주대구고속도로를 거쳐 날머리 방축재에 도착했다. 1박 2일 산행 예정으로 10kg 되는 배낭을 메고 왔는데, 몸살이 날 것 같아 당일 산행으로 급선회한다.

택시를 불러 타고 담양터미널에 도착하여 인근 목욕탕에서 샤워하고, 뼈다귀 감자탕에 밥을 두 공기나 먹었더니 살 것 같았다. 집에 돌아오니 밤 10시 30분. 오늘은 3개 군(곡성군, 담양군, 순창군)을 지났다.

### 제15구간
**방축재 – 강천산 – 오정자재/19km/10시간 22분**

#### 순창은 『산경표』 저자 신경준이 태어난 곳

7월 29일, 땅끝종주 15구간은 순창군 금과면 방축리 방축재에서 출발하여 명산 강천산을 통과, 구림면 용연리 오정자재까지 가는 코스다. 순창은 『산경표』 저자 여암 신경준(1712~1781) 선생이 태어난 곳이다. 43세 늦은 나이에 과거시험 문과에 수석으로 합격한 후, 승문원·사간원·사헌부에서 일하다 서산 군수를 거쳐 58세에 고향인 전라도 순창으로 낙향했다.

  1770년 영조가 영의정 홍봉한에게 우리나라 백과사전인 『동국문헌비고』를 편찬하라고 명하자, 홍봉한은 신경준의 사람됨을 전해 듣고 '지리지' 분야에 천거한다. 이때 영조는 신경준이 지은 『강계지』를 보고 우리나라 산맥과 지리를 소개한 『여지편람』 편찬을 흔쾌히 맡겼다고 한다. 1769년 완성한 『여지편람』은 2권 2책으로 구성되어 있다. 건책과 곤책으로 분리되어 있는 책 중에서 건책이 바로 『산경표』이다. 이후 신경준은 좌승지·제주목사 등을 역임하고, 1779년(정조 3)에 고향인 순창으로 내려가 여생을 보내다 1781년 70세에 세상을 떠났다.

  세월이 흘렀지만 그때 신경준 선생이 족보 형태로 만든 『산경표』에 의해 우리는 물을 건너지 않고 전 국토를 등산할 수 있게 되었다.

『산경표』 저자 여암 신경준 생가

### 100대 명산 강천산을 오르다

장마가 계속되니 마음이 급해진다. 1박 2일 산행을 하려고 배낭 무게를 달아보니 11.3kg이다. 광주터미널에서 06시 10분 버스를 타고 순창군 금과면 방축마을에서 내린다. 오늘은 방축재에서 광덕산, 산성산, 강천산 왕자봉, 암봉을 거쳐 오정자재까지 가는 코스다.

'순창' 하면 누구나 가장 먼저 고추장을 떠올릴 것이다. 순창은 지리적으로 섬진강을 낀 벌판을 백두대간과 호남정맥이 감싼 분지지역 특성상 발효가 잘되어 다른 지역 고추장에 비해서 맛이 깊다고 한다. 방축마을에서 덕진봉, 뫼봉을 거쳐 힘들게 광덕산을 오른다. 걸으면서 강천산에 오른 횟수를 세어 보았더니 여섯 번째인데도 생소한 곳이 많다.

시루봉을 거쳐 북바위에 올랐더니 무등산이 잘 보인다. 무등산에서 여기까지 걸어온 산 너울을 눈으로 그려본다. 북바위에는 수형樹形이 좋은

강천산 북바위봉 소나무

소나무가 있다. 사진을 찍고 산성산을 지나 점심을 먹었다. 북문, 강천산 왕자봉, 암봉을 거쳐 오정자재에서 첫날 산행을 마쳤다.

오늘도 라디오에서 『소설 목민심서』를 들었다. 마지막에 황인경 작가가 저자 특강을 했는데, "소설 3권을 쓰기 위해 10년이 걸렸고, 200자 원고지 1만 장을 썼다"고 한다. 원고지를 쌓아놓으면 본인 키보다 더 높았다고 하니, 세상에 땀 흘리지 않고 되는 일은 없다.

택시기사에게 부탁하여 신경준 생가를 방문하였다. 여암 신경준의 10대조인 신말주는 신숙주의 아우였는데, 형이 수양대군의 왕위 찬탈에 가담한 것을 알고 관직을 버리고 순창읍 가남리 남산대로 내려와 대대로 살았다고 한다.

산을 탄 허기짐으로 순창읍에 있는 식당에서 삼겹살 2인분을 먹고, 숙소(모텔)에서 지친 육신을 누인다. 비록 순창 사람을 몇 사람밖에 만나보지 못했지만 택시기사도, 식당 주인도 아주 친절하고 말씨가 고왔다. 순창淳昌의 '淳' 자가 '순박할 순' 자여서 그럴까? 이렇게 첫날이 갔다.

**제16구간**
오정자재 – 추월산 – 밀재/22.8km/13시간 9분

### 100대 명산 추월산을 오르고

요즘 일본과 무역 갈등으로 우리나라가 어려움을 겪고 있다. 조선 후기 역사지리학의 선구자 한백겸은 『동국지리지』에서 한반도가 외적의 침입을 끊임없이 받게 된 역사적 원인을 고구려의 영토 상실에서 찾고 있다. 신라가 통일 초기에 국토의 중앙으로 도읍을 옮기지 않고 귀퉁이 경주에 머물러 여진·거란의 준동을 막지 못하여 발해 땅도 그들에게 빼앗기고 말았다. 그 결과 우리는 중국과 일본의 중간에 낀 약소국으로 전락하여

끊임없이 외적의 침입을 받게 되었다는 것이다.

7월 30일, 시원한 아침에 산행하기 위해 4시에 일어났다. 편의점에서 간편식으로 아침을 먹고 어제 탔던 택시를 불러 오정자재 들머리에 도착했더니 5시 50분이다. 오정자재는 5개 정자에서 유래했다고 한다. 산행 코스는 용추봉과 치재산이라는 2개의 큰 산을 넘고, 다시 천치재에서 추월산을 넘어 밀재까지 가는 코스다.

나는 지금 무엇을 하고 있는가?

용추봉 오름이 만만치 않다. 배낭을 내려놓고 얼음물을 마시며 쉬고 있으니 살랑살랑 바람이 불어온다. '나는 지금 무엇을 하고 있는가?' 온 산의 나무, 풀, 바람은 그대로인데 나그네처럼 나만 떠돌아다니는 것은 아닌가. 고려대 한문학과 심경우 교수의 『논어』 특강을 듣는다. 옛 성현들은 나이 오십이 되어 은퇴할 시점이 되면 제2의 인생계획을 수립했다고 한다. 요즘으로 치면 나이 육십과 비슷한 것 같다. 내년 6월이면 퇴직하는데 '어떻게 살 것인가?'로 깊은 생각을 하게 된다.

능소화가 지천으로 피어 있는 천치재 농가에서 노부부가 준 늙은 오이를 먹었더니 달콤한 것이 갈증이 사라졌다. 이분들은 김제에서 버스 타고 와서 농사를 짓는다고 한다. 529봉을 넘어 순창군 복흥면 답동리에 있는 대법원 가인연수관에 도착했다. '가인'은 순창 출신 초대 대법원장 김병로의 호이다.

추월산으로 가는 첫 관문 심적산 오름이 만만치 않다. 해발 400m를 가파르게 치고 올라야 하기 때문이다. 힘들게 수리봉을 거쳐 추월산(731m)에 올랐다. 추월산은 전남 5대 명산 중 하나로, 담양읍에서 보면 스님이 누워 있는 형상으로 보인다. 저녁 7시에 날머리 밀재에 하산했다.

오늘도 고전 읽기에서 톨스토이의 『안나 카레니나』와 『이솝 우화』를 재

담양군 용면의 명물 'U 자형 도로'와 강천산

미있게 들었다. 『이솝 우화』는 짧고 교훈적인 내용이 많다. 참고로 이솝은 노예였다. 산행을 마치고 『이솝 우화』와 『안나 카레니나』를 주문했다. 『이솝 우화』는 2,500년 전 그리스인 이솝이 지은 책으로 2,500년이나 살아남은 고전이고, 『안나 카레니나』는 2007년 영어권 작가들이 최고 문학작품 1위로 선정한 책이다.

  땅끝에서 통일전망대까지 우리나라 최초의 국토종주에 의의를 두었는데, 산행할 때마다 하루 10시간씩 온전히 듣는 '책 읽어주는 라디오'가 나의 가슴에 문학에 대한 파고를 일으키고 있다고 생각하며, 1박 2일 불볕더위 산행을 마쳤다. 지금까지 땅통종주 65구간 중 16구간을 끝냈으니 25%를 마쳤다.

순창군 복흥면의 평화로운
마을 전경과 회문산

땅끝에서 통일전망대까지 ⑤ **내장산 구간**

## 내장산을 지나 정읍 구절재에 닿다

이번 달은 장성 밀재에서 출발하여 국립공원 내장산을 지나 정읍시 산내면과 칠곡면 경계인 구절재에 도착했다. 찌는 듯한 더위로 산행이 어려웠지만, 전망대인 추령봉에서의 '운무 낀 내장산 조망'은 신비로움을 더해 주었다.

## 제17구간
### 밀재 – 도장봉 – 감상굴재/12.2km/6시간 34분

### 산악회 회원과 힐링 산행

지금은 호남터널을 통해 전라남도에 쉽게 들어서지만, 옛날에는 한양에서 전남으로 들어서려면 국립공원 내장산에 속한 갈재를 어렵게 넘어야 했다. 갈재를 넘어 개설된 1번 국도는 전남 개화의 큰 몫을 했으며, 보부상을 비롯해 과거시험을 보러 가는 선비나 임지로 부임하는 관리 그리고 귀양길에 오른 죄인들까지 모두 이 관문을 통과했다.

8월 10일, 산행은 나사모 회원 세 명과 함께한다. 박병연 형님, 지강우(무등지기), 정옥주(우비소녀)이다. 뒤의 두 사람은 부부다. 아침 7시, 부부가 사는 곳에서 만나 지강우 씨 차로 날머리 감상굴재로 향한다. 날머리에 차를 주차하고 택시를 불러 들머리 밀재로 간다. 산행코스는 전북 순창군 복흥면 대방리에 위치한 밀재에서 출발해 암봉, 병풍지맥 갈림길, 생화산, 도장봉, 칠립재, 대각산을 넘어 장성군 북하면 중평리의 감상굴재까지다. 홀로 산행하다 동료와 함께하니 무서움이 사라져서 마음이 편하고 여성 회원이 끼니 분위기가 밝다.

밀재에서 20여 분 오르니 조망이 좋은 암봉(520m)이다. 암봉에서 광주광역시 바로 앞으로 지나는 병풍지맥이 보인다. 병풍지맥 분기점에 도착해서 겨울쯤 병풍지맥을 같이 타보자고 조곤조곤 대화도 나눈다. 산길에 수형樹形 좋은 300년 된 느티나무가 있어 함께 사진을 찍는다. 홀로 다니다 보니 천편일률적으로 산만 찍었는데 회원들과 함께 인물 사진을 담으니 따뜻한 온기가 느껴진다.

12km의 짧은 산행이지만 할랑할랑하다고 할 수 없는 것이 여름 산행인데다, 길이 거칠고 지도에도 잘 나오지 않는 봉우리를 5개나 넘어야 하

산악회 회원들과 산행 중
도장봉 너머 300년 된 느티나무 아래에서

기 때문이다. 바람이 불어오는 곳에서 점심을 먹고, 수시로 쉬면서 담소를 나눈다. 혼자 산행하면 외롭고 쓸쓸한데 오늘은 내 입가에 웃음이 그치지 않는다.

　3개 군의 경계점인 도장봉(459m)을 넘는다. 도장봉은 담양군 월산면, 장성군 북하면, 순창군 복흥면 경계에 있는 산이다. 호남정맥 길은 칠립재를 지나 농로를 타고 흐른다. 어느새 가을이 되려는지 벼가 익어가고 있다. 밭에는 들깨가 자라는 모습이 정겹고, 마을 너머로 보이는 순창 회문산도 보기 좋다. 힘겹게 오늘의 최고봉 대각산(529.9m)을 넘어 감상굴재에서 산행을 마친다.

## 10년 넘게 더 오래 살 수 있는 일곱 가지 생활 습관

감상굴재에서 담양 소재 온천으로 이동하여 씻고, 광주광역시 북구 우산동 말바우시장으로 이동한다. 거기에 나사모 정명기(산수인) 회원이 운영하는 횟집이 있기 때문이다.

횟집에 도착하니 4시 30분, 오늘은 하산주도 하지 않고 목욕까지 해서 배가 더 고프다. 가을철 미각을 돋우는 '전어 3종 세트'로 회, 무침, 구이가 차례로 나온다. 횟집 사장이 자리돔을 서비스로 준다. 허기지니 전어도 술도 달다. 빈 소주병이 탁자에 쌓여간다. 회식을 마치고 집에 도착해 배낭도 풀지 못하고, 옷만 갈아입은 채 침대에 쓰러진다.

산행을 마치고 뒤풀이로 전어 3종 세트

산행 중 휴식 시간에 회원들에게 얘기했던 '10년 넘게 더 오래 살 수 있는 일곱 가지 생활 습관'에 대해 소개하고자 한다. 미국 캘리포니아 주민 6,928명을 대상으로 5년 6개월 동안 다음과 같은 일곱 가지 생활 습관을 주제로 조사가 시행됐다. 여기서 '일곱 가지 생활습관'은 다음과 같다.

① 하루에 7~8시간씩 잠을 잔다. ② 아침 식사를 거르지 않고 먹는다. ③ 간식을 하지 않는다. ④ 적당한 체중을 유지한다. ⑤ 규칙적으로 운동한다. ⑥ 담배를 피우지 않는다. ⑦ 술은 전혀 마시지 않거나 조금만 마신다.

이 습관들을 잘 실천한 사람과 그렇지 않은 사람 사이에 수명 차이가 있는지 알아보니, 습관을 잘 지킨 사람들이 10년 넘게 더 오래 살았음이 밝혀졌다. 하산 후에는 절제가 잘 안 되지만 과음은 피해야겠다고 다짐해 본다.

**제18구간**
감상굴재 – 내장산 – 추령/17.4km/10시간 7분

### 산 중독(Poisoning the mountain)

2주일 만의 땅통종주인지라 떠나는 설렘으로 산행 전날 잠을 뒤척였다. 자유롭게 공기를 마시며, 사유思惟하고, 풀냄새를 맞는 내 모습이 아른거린다. 책 읽어주는 성우의 목소리도 그립다. 이 정도면 중독이지 싶다.

8월 24일, 4시 50분에 일어나 아침을 먹고 배낭을 저울에 달아보니 11.3kg이다. 1박 2일 여름 산행이라 과일과 물을 많이 넣었기 때문이다. 담양터미널에서 들머리인 장성군 북하면 감상굴재까지 택시를 탄다.

백암산 들머리.
장성 북하면 강선마을 전경

내장산 신선봉 인증샷

오늘은 장성 백암산과 정읍 내장산을 지나는 코스다. 감상굴재에서 마을 한복판을 지나 산길로 접어든다. 곡두재, 도집봉을 거쳐 백암산 상왕봉에서 점심을 먹는다. 식사 후 양치질도 한다. 이유는 산행 전날 같은 연배의 직장 동료 두 명과 점심을 먹었는데 한 명은 10개, 한 명은 11개의 임플란트를 했다는 얘기가 생각났기 때문이다.

순창새재를 지나 내장산에 접어든다. 내장산 최고봉인 신선봉을 지나 연자봉, 장군봉을 지난다. 라디오에서 춘원 이광수가 쓴 『도산 안창호』가 들려온다. 안창호가 미국에 갔더니, 백인들이 우리 동포들이 사는 곳이 지저분하다고 손가락질했다고 한다. 이후 집집이 찾아다니며 집 청소를 강조했더니, 미국인의 시선이 달라졌다는 말이 이채롭다.

### 내장산 국립공원을 지나다

내장산은 신선봉을 주봉으로 까치봉, 망해봉, 장군봉, 서래봉 등 9개의 고봉이 동쪽으로 열린 말발굽 모양으로 둘러싸고 있다. 1971년, 서쪽 입암산과 남쪽 백양사를 묶어 국립공원으로 지정하였다. 역사적으로는 임진왜란 때 『조선왕조실록』을 보관했던 산이다. 내장산은 애초에 영은산靈銀山이라 불렸지만, 양¥의 내장 속에 숨긴 것처럼 실록을 잘 보관하여 내장산內藏山이란 이름으로 바뀌었다고 한다.

조선왕조는 왕조실록 사고본을 한양의 춘추관, 충주, 성주, 전주 등에 분산 보관했는데 임진왜란이 터지자 전주 사고본을 제외한 나머지는 전

백암산에서 바라본 백양사 전경

부 소실되었다. 전주 사고본이 소실될 위기에 처하자, 태인 선비 손홍록과 안의 두 사람이 왜군의 발길이 닿기 전에 전주 사고본을 내장산 용굴암 바위굴에 숨겨놓아 다행히 무사할 수 있었다.

장군봉에서 유구치로 가는 곳곳에 바위 조망처가 있다. 즐겁게 조망하며 추령에서 산행을 마친다. 하산하여 숙박을 위해 정읍시까지 택시나 버스로 이동하려고 했는데 추령에 민박집과 모텔이 보인다. 먼저 민박집에 들렀는데 손님이 없어서 그런지 문을 닫았다. 모텔에 찾아가서 주인장에게 저녁 식사도 할 수 있느냐고 물었더니, 있는 반찬에 같이 먹자고 한다.

샤워하고 주인집 방에 내려가니 묵은지에 삼겹살이 지글지글 구워지고 있다. 주인 부부, 처형과 함께 네 명이 식탁에 앉았다. 초면이지만 잔을 부딪치니 변산 줄포 생막걸리가 술술 넘어가고 서로 허물없는 사이가 된다. 이들은 인천에서 살다 몇 년 전 귀농해 유기농 농사도 겸하고 있다고 한다. 이야기를 들으니 마치 TV 프로 '나는 자연인이다'를 보는 것 같다. 막걸리 큰 병을 두 병이나 비우고 저녁 식사를 끝냈다.

우리나라 사람은 정이 참 많다. 8시 저녁 뉴스를 보다 불도 끄지 못하고 스르르 잠이 들었다.

### 제19구간
추령 – 망대봉 – 개운치/12.5km/8시간 24분

#### 내장산에서 환상의 운무를 보다

8월 25일, 등산할 산 너울은 좌측으로 정읍시, 우측으로 순창군 경계 산길을 걷는다. 산행 포인트는 추령봉에서 내장산 국립공원 전체를 찍는 것인데, 새벽부터 1~4㎜ 비 예보가 있다.

4시 30분에 일어나 주인아주머니가 차려준 아침을 먹는다. 일찍 농장에 가는 남편과 겸상으로 식사하는데, 밥을 고봉으로 차려주는 마음씨가 정답다. 게다가 도시락과 얼린 물, 오이, 풋고추, 된장도 한 아름 싸주어 무겁지만 감사함을 표하며 배낭에 챙긴다.

출발부터 이슬비가 내린다. 산행코스는 추령에서 출발하여 추령봉, 여시목, 망대봉, 개운치, 고당산, 굴재, 노적봉, 사적골재, 소장봉을 거쳐 구절재까지 가는 23km이다. 한여름이니 해찰하지 말고 부지런히 걷자고 다짐해 본다. 추령봉에 가면서 연신 하늘을 쳐다보지만 주변이 안개로 덮였다.

조망을 포기하고 걸어 추령봉에 올라가 보니 '대박'이다. 산에 운무가 쫙 깔렸다. 30분 이상 위치를 바꿔가며 셔터를 계속 눌렀다. 10월 호 산

추령봉에서 바라본 운무에 싸인 내장산 국립공원 전경
(좌 백암산, 우 내장산)

악 잡지에 좋은 사진을 올린다고 생각하니 마음이 흡족하여 카톡으로 아내에게 사진을 보낸다.

### 78:22 법칙(유태인의 부자법칙)

장거리 산행인데 추령봉에서 시간을 많이 허비해서 부지런히 걷는다. 그러나 잡목과 거미줄 때문에 자꾸 걸음이 늦춰진다. EBS 라디오 '책 다시 읽기'를 검색해서 찾은 책은 『솔로몬 탈무드』이다. 성우 목소리가 머리에 쏙쏙 들어오는 것이 반복해서 읽어야 할 고전 같다. '물건을 살 때는 일주일 동안 고민해 보고 그래도 꼭 필요할 때만 사라'는 내용을 들었지만, '이 책은 바로 사야 한다'는 생각에 핸드폰으로 인터넷서점에서 주문한다. 한국 사람의 특기는 '스피드' 아닌가? 며칠 후 책을 받아보니 800페이지가 넘는 두꺼운 책이다. 인상 깊은 내용은 '78:22'라는 '유태인의 부자법칙'이다.

유태인은 78:22를 활용하여 돈을 번다. 22% 부자가 전체 돈의 78%를 소비한다는 점에 착안하여 부자를 노리고, 부자 중에서도 '여자'를 노린다고 한다. 『구약성서』에 남자는 '일해서 돈을 벌어'오고, 여자는 남자가 벌어들인 돈으로 '생활을 유지'한다고 못 박고 있다. 그러므로 돈을 벌려면 돈을 가지고 있는 '여자의 주머니를 털어야' 한다고 한다. 요염하게 빛나는 다이아몬드 시장을 유태인이 장악하는 것도 78:22 법칙의 응용판인 것이다.

434.9봉에서 이른 점심을 먹은 후, 나무가 많이 쓰러져 있는 길을 허리를 굽히고 기기도 하며 어렵게 통과한다. 여시목을 거쳐 망대봉에 올랐는데 GPS가 제멋대로 트랙을 그린다. 트랙을 보고 알바 했다고 생각하여 오르락내리락 길을 헤맨다. 나중에 GPS를 껐다 다시 켜니 그제야 정상 작동한다. 설상가상으로 갑자기 손이 따끔해서 보니 벌이다. 주위를 보니 윙! 윙! 벌 천지다. 핸드폰을 보고 길을 찾다 보니 벌들이 우글거리는 벌집 위를 나도 모르게 걸은 것이다. 따끔하게 몇 방 쏘이고 '걸음아! 나 살려라' 도망쳐 29번 국도 개운치에 도착한다.

시계를 보니 2시다. 아무래도 오늘 목적지 구절재까지는 시간상 가기 힘들어 그만 산행을 접는다. 마침 도착한 순창행 군내버스를 탔다. 산행을 일찍 접어 마음은 편치 않았지만, 차창 밖으로 보이는 순창군 쌍치면, 구림면의 파란 들판이 평화로워 보인다. 이렇게 1박 2일을 마친다.

## 제20구간
### 개운치 – 고당산 – 구절재/14.3km/7시간 45분

### 동학혁명의 발상지 정읍을 지나고

8월 31일, 산행은 앞 주 알바와 벌 쏘임으로 인해 개운치에서 중단했던 구간을 이어간다. 오늘은 14km로 거리 부담이 적어 느긋하게 출발한다. 광주터미널에서 시외버스로 정읍터미널에 도착한다. 순창군 쌍치면 개운치까지는 교통편이 불편하여 택시를 이용한다.

9시경부터 산행을 시작한다. 오늘은 최고봉 고당산(641m)을 올라 굴재, 노적봉, 사적골재를 거쳐 구절재까지 가는 코스다. 산행 들머리는 개운치의 외딴집을 통과해서 대나무 밭으로 들어서야 한다. 고당봉까지는 3단

정읍시와 칠보군 경계.
좌측으로 고당산이 보인다.

으로 된 봉우리를 올라야 한다. 첫 번째 봉우리에 올랐는데 고라니가 갑자기 뛰어간다. 고라니의 특징은 사람이 오면 미리 피하는 것이 아니라 갑자기 우당탕! 하고 뛰어가기 때문에 사람을 많이 놀래킨다.

고당산에 올라 굴재로 진행하는데 노란 마타리 야생화와 운지버섯이 보인다. 산 전체가 육산인 관계로 나무에 가려 조망이 거의 없다. 특징으로는 호남정맥 길에 묘소가 참 많다는 것이다. 인걸지령人傑地靈이라는 고사성어에 의해, '땅이 좋아야 훌륭한 인물이 난다'고 생각하여 호남 사람들은 고생을 마다치 않고 산 능선에 묘를 쓴 것일까?

도중에 벌초하는 분을 만나 막걸리 두 잔을 얻어 마셨다. 사적골재, 소장봉을 거쳐 구절재에서 등산을 마친다. 마침 벌초를 마치고 가는 차를 만나 칠보면 소재지에서 내린다. 칠보에서 정읍행 시내버스가 20분 간격으로 다닌다. 시내버스를 타고 2차선 정읍 너른 들판을 지나다 보니, 1894년 고부에서 일어났던 동학농민운동이 생각난다.

"새야 새야 파랑새야"

20구간을 마치고 집에 돌아와 동학에 대해 자세히 알고 싶어 『실록 동학농민 혁명사』 책을 사서 읽는다. 녹두장군 전봉준은 키가 유난히 작았다고 한다. 5척(약 152㎝)에 불과해서 성인이 되어 녹두綠豆라는 별명을 얻었고, '새야 새야 파랑새야' 노랫말에 나오는 파랑새는 그의 성인 '전全'을 풀어 '팔왕八王새'라 부른 것이라고 한다.

우리 민족은 일본에 많이 당했다. 공주 우금치 전투의 패배는 참혹했다. 2만여 명에 이르는 농민군은 일본군 200여 명, 관군 2,500여 명 등 2,700여 명에 불과한 진압군을 극복하지 못하였다. 대부분 칼과 활, 죽창을 든 농민군은 미국제 개틀링 기관총과 최대 사거리가 2,000m에 이르는 스나이더 소총에 무자비하게 살해당했다. 개틀링 기관총은 예전 미국

서부영화에 자주 등장하던 그 기관총이다. 1분에 400여 발의 실탄이 나간다고 한다.

1894년 12월 5일(음력 11월 9일) 우금치 전투에서 2만여 명의 동학군은 500명 정도만 겨우 살아남았다. 참혹하게 당한 동학혁명이었지만, 그나마 교훈이라면 외세와 맞서 싸웠기에 그 후 항일운동의 명맥이 이어졌다고 생각한다.

이번 달은 날씨가 더워 산행거리를 짧게 했다. 날씨가 선선해지고 있다. 즐겁게 땅끝종주를 진행하여 가을 산의 정취를 만끽할 계획이다. 산과 책, 라디오가 함께하는 여정, 너무 즐겁고 설렌다.

오봉산에서 바라본 옥정호.
오봉산은 국사봉 전망대와 함께
옥정호 붕어섬의 환상적인 경치를
볼 수 있는 곳이다.

## 땅끝에서 통일전망대까지 ⑥ 임실 옥정호 구간

### 임실 옥정호를 바라보며 분기점 조약봉에 다다르다

이번 달은 정읍시 구절재에서 출발하여 임실군 옥정호와 완주군 구이호 사이의 산길을 걸어 3정맥 분기점인 진안군 조약봉에 도착했다. 무더운 날씨가 계속 이어졌지만, 계절은 어김없이 가을로 접어들어 벼와 감, 밤이 익어가고 있었다. 9월에만 3개의 태풍이 발생하여 산행 날짜 잡기에 애를 먹었다.

모래재(조약봉) — 만덕산 — 경각산 — 슬치 — 염암부락재 — 오봉산 — 가는정이 — 구절재

**제21구간**
구절재 – 왕자산 – 가는정이/17.8km/10시간 10분

### 땅통종주 시작 이래 가장 거친 길

전라북도는 크게 세 지역으로 나뉜다. 첫 번째 김제, 만경의 넓은 평야 지대인 전익김(전주·익산·김제) 지역, 두 번째는 산이 많은 무진장(무주·진안·장수) 지역, 마지막으로 임순남(임실·순창·남원) 지역이다. 호남정맥과 대간으로 둘러싸인 임순남은 산과 들판이 혼재된 지역이다. 이번 달에 통과할 시군은 정읍시 임실군과 완주군이다.

9월 14일, 광주종합버스터미널에서 06시 30분 정읍행 버스를 탄다. 버스는 호남터널을 지나 정읍시외버스터미널에 도착한다. 터미널 시내버스 승강장에서 산내면으로 가는 버스를 탄다. 택시만 타다 버스 요금을 내니 횡재한 기분이다. 정읍시 북면, 칠보면을 거쳐 산행 들머리 구절재에 도착한다. 산행코스는 왕자산, 소리개재, 성옥산, 가는정이, 묵방산(538m), 350봉을 지나 운암 삼거리까지다.

425.3봉을 지나 정읍시 산내면 예덕리에 도착한다. 우측에 마을이 있는데 GPS 트랙은 풀숲이 있는 마루금으로 직진하라고 안내한다. 묘소까지는 길이 괜찮다가 이후에는 완전 가시밭길이다. 배낭이 가시에 걸리는 거친 길을 힘겹게 뚫고 올라오니, 마을 임도를 통해 올라온 길이 보인다. 대부분의 호남정맥 등산객이 임도로 걷다 보니 이렇게 호남정맥 길이 묵혀 있는 것이다. 가시에 걸려 배낭 천이 여기저기 뜯긴다.

왕자산을 오르다 배가 고파 점심을 먹으며 단백질 보충을 위해 가져온 참치통조림도 곁들인다. 아들이 9월 말에 결혼하는데, 주위 사람들이 살이 너무 빠졌다고 걱정해서 단백질을 먹으면 살이 오를까 해서다. 점심을 먹고 왕자산을 넘어 진행한 산행은 지금까지 해남 땅끝에서 걸어온 길 중

정읍시 산내면 두월리 방성골마을

에서 가장 거친 길 같다. 잡목, 거미줄, 쓰러진 나무투성이다.

가는정이에 도착하니 5시 30분, 시간상 묵방산을 넘을 수 없어 모텔이나 민박을 찾아보는데, 주민이 이곳은 숙박시설이 없다고 한다. 어쩔 수 없이 구 운암대교까지 도로를 3km 걸어 모텔을 잡는다. 샤워하고 저녁 식사를 하려는데 추석 뒤끝이라 식당이 문을 닫았다. 모텔 여주인에게 식사 문제를 어떻게 해결하면 좋겠냐고 물었더니, 편의점에서 즉석밥과 라면을 사고 김치는 본인이 주겠다고 한다.

편의점에서 앞으로 세 끼니(저녁, 아침, 점심)를 해결할 즉석밥과 컵라면, 막걸리를 한 병 사서 숙소로 들어오니, 모텔 여주인이 신김치를 조금 주는데 양이 적어도 너무 적다. 아껴 먹으려고 김치 한 가닥을 여러 조각으로 쪼개 밥을 먹는다. 김치가 이렇게 소중한지 처음 실감한다. 할 수 없이 다시 편의점에 가서 볶음 김치를 산다. 시장이 반찬이라고 방에서 TV를 보며 막걸리를 마시니 그럭저럭 하루 피로가 풀린다.

아내한테 전화하고 9시경 잠이 든다. 원래 계획은 운암 삼거리에서 잠을 자고 새벽 3시쯤 일어나 오봉산에 올라 운무에 싸인 붕어섬을 찍는 것이었다. 그러나 가는정이부터 산을 타고 묵방산을 넘어야 한다. 급할수록 원칙을 지키라고 했다. 종주를 완주하는 것이 우선이고, 그다음으로 잡지사에 낼 사진이라고 마음을 다독여본다. 오늘도 '책 읽어주는 라디오'가 하루 내내 친구가 되어주었다.

### 제22구간
가는정이 - 오봉산 - 염암재/19km/10시간 13분

### 환상 경치 붕어섬 지나 염암재로

9월 15일, 가는정이부터 산행을 시작하기 위해 새벽에 도로를 3km 정도 걷다 보니 의외로 옥정호 안개 낀 경치가 볼 만하다. 김용택 시인이 근무했던 마암초등학교도 보이고, 조각배도 보인다. 가는정이에서 산길로 접어들어 여우치마을을 거쳐 힘들게 묵방산에 오른다. 모악지맥 분기점이 있는 350봉을 향해 가는데, 등산인의 발길이 끊겨 능선이 잡풀투성이고 거미줄도 많다. 운암 삼거리, 293.5봉을 거쳐 오봉산을 오른다.

오봉산은 국사봉 전망대와 함께 '옥정호 붕어섬'의 환상적인 경치를 볼 수 있는 곳이다. 특히 호수에 피어나는 물안개가 아름다워 사진가들로부터 사랑받는다. 아침에는 흐렸는데 오봉산을 오르는 동안 날씨가 맑아져 옥정호의 흰 뭉게구름과 어울린 붕어섬의 풍경이 보기 좋다. 마침 전주에서 고등학생 아들과 함께 국사봉을 거쳐 올라온 등산객이 있어 인증사진을 찍고 기쁜 마음으로 붕어섬 사진도 찍는다.

오봉산 이후부터는 산길과 이정표가 잘 정비되어 산행이 편하다. 진행하다 10년 전 호남정맥을 탔다는 전주 사는 분을 만나, 다음 구간은 대중

옥정호와 조각배

옥정호 붕어섬. 옥정호는 물안개가 아름다워 뭇 사진가들에게 사랑받는 곳이다.

교통으로 전주를 거쳐 오려면 불재까지 가는 게 좋다는 조언도 듣는다. 2봉을 거쳐 내리막을 한없이 내려가 소금바위재에서 오른 518.1봉은 아주 가파른 봉우리다.

염암재에 도착하니 오후 4시다. 불재까지 가기는 시간상 늦었고, 산 너울도 사납게 보인다. 급시불태急時不怠, '때가 왔으면 머뭇거리지 말라'는 뜻이다. 아쉽지만 여기서 산행을 끝내고 임실읍 개인택시를 부른다. 전주를 거쳐 광주에 와도 되지만 아직 임실 땅을 밟아보지 못했기 때문에 임실읍으로 가려는 것이다. 택시기사가 "왜 이렇게 혼자 위험하게 산을 타느냐"며 걱정한다.

임실군 신덕면과 신평면을 거쳐 임실읍으로 가는데 임실군이 백두대간과 호남정맥으로 둘러싸여 있어 태풍이 와도 피해가 적은, 살기 좋은 고장이라고 소개하며 임실치즈 공장도 친절하게 가르쳐준다. 임실터미널 근처 목욕탕에서 씻고 17시 20분 버스를 타고 순창터미널에서 내린다. 다시 광주행 버스에 몸을 싣고 1박 2일의 산행을 마친다. 집에 도착하니 아들과 딸이 엄마와 와인을 마시고 있다. 1박 2일 동안 만난 마트 주인, 모텔 여주인, 임실 택시기사 모두 친절해서 임실의 인상이 좋다.

**제23구간**
**염암재 – 경각산 – 슬치/24.8km/11시간 24분**

### 여러 산이 줄지어 있고, 물 한 줄기가 둘러 흐른다

9월 19일, 앞 구간에서 목표대로 산행을 하지 못해 오늘과 내일은 산행거리를 25km씩 장거리로 잡았다. 가을이 되어 해가 짧아지고, 버스로는 산행 들머리에 일찍 도착하기 어려우므로 부득이 KTX를 이용한다. 새벽 4시에 일어나 나갈 준비를 하고 배낭 무게를 달아보니 11kg이다. 택시로 광주송정역에 도착하여 정읍행 05시 30분 KTX를 탄다. 정읍까지 16분이면 간다니 참 빠른 세상이다. 정읍역에서 완주군 구이면 계곡리 염암고개까지 택시를 탄다. 택시를 타고 동이 트는 호남평야를 달리는데, 저 멀리 까맣게 울퉁불퉁 솟은 호남정맥을 보니 설렘으로 심장이 뛴다.

들머리에 도착하니 6시 40분. 산행코스는 작은불재, 치마산, 불재, 전망암, 경각산, 한오봉, 쑥재, 갈미봉을 거쳐 슬치까지 간다. 산길 좌측이 완주군이고, 우측이 임실군이다. '용비어천가'를 지은 정인지는 임실의 지형을 두고 "여러 산이 줄지어 있고, 물 한 줄기가 둘러 흐른다"고 하였다.

작은불재를 거쳐 치마산을 오르는데 동물 짖는 소리가 들린다. 귀 기울여 보니 멧돼지 소리는 아니고 개 짖는 소리 같다. 호루라기를 꺼내 불고, 스틱으로 돌을 탁! 탁! 찍으면서 치마산을 오른다. 중간에 멧돼지 똥이 보이는데, 싼 지 얼마 되지 않은 듯 초록색이다. 다행히 치마산 정상까지 동물은 보이지 않았다.

**경각산 전망바위. 조망이 참 좋다.
호수 너머 모악산이 보인다.**

436.1봉을 거쳐 749번 지방도가 지나는 불재를 거쳐 경각산鯨角山을 오른다. 경각산이란 이름은 산 정상에 있는 2개의 바위가 마치 고래 등에 난 뿔처럼 생겼다고 해서 붙여졌다고 한다. 조망이 참 좋아 전망바위에 올라 구이호수(구이저수지)와 푸른 모악산을 배경으로 사진을 찍는다. 호수 옆에 그림 같은 단독주택이 많아 마치 알프스 같다.

한오봉, 쑥재, 갈미봉을 거쳐 슬치에서 산행을 마친다. 대체로 길이 좋았으나, 갈미봉에서 465.4봉까지 거미줄이 참 많았다. 슬치는 임실읍에서 전주로 넘어가는 17번 국도로 교통 요충지다. 슬치에는 모텔이 2개 있고 기사식당과 편의점이 있다. 오늘은 날머리에서 이동 없이 숙소에서 씻고 기사식당에서 버섯탕으로 저녁을 먹는다. 식당 아주머니께 부탁해 내일 아침과 도시락까지 준비한다. 라디오에서 샐린저의 『호밀밭의 파수꾼』과 이상의 『날개』를 들었다.

**제24구간**
슬치 – 만덕산 – 모래재/25.4km/12시간 13분

### 인수봉을 닮은 관음봉

9월 20일, 산행거리는 25km이지만 경로는 단순하다. 큰 산이라야 만덕산(762m)뿐이다. 사방이 아직 어둑어둑한 5시 50분부터 산행을 시작한다. 무슨 영화를 누리겠다고 새벽부터 풀숲을 헤치고 산길에 들어서는지 회의감과 저녁에 집에 빨리 가려면 부지런히 전진해야 한다는 생각이 동시에 든다.

오늘 정맥 길은 왼쪽으로는 전북 완주군이고, 오른쪽으로는 진안군이다. 이름 없는 해발 400m 정도 되는 산길을 만덕산을 보며 하염없이 걷는 길이다. '책 읽어주는 라디오'에서 『죄와 벌』이 들린다. 걷다 보니 발에

툭 걸리는 것이 있어 자세히 보니 선글라스다. 써보니 가볍기도 하고 디자인이 좋아 욕심났지만, 이 선글라스를 쓰고 산행하면 산신령님이 나를 안전하게 보호해 주지 않을 것 같아, 주인이 나중에 찾기 쉽게 나무에 걸어놓는다.

점심을 먹고 고도를 올려가며 열심히 걸어 관음봉에 오른다. 관음봉은 봉우리 생김새가 북한산 인수봉을 닮았다. 관음봉에서 카메라 조리개를 조절해 가며 열심히 사진을 찍어 아내에게 보낸다. 나중에 확인해 보니 마지막에 핸드폰으로 대충 찍은 사진의 구름이 가장 예쁘게 담겼다. 그동안 책과 유튜브로 카메라 공부한 것이 별 소득이 없단 말인가? 사진 찍는 실력이 아직 핸드폰의 자동촬영도 못 따라가는 것 같아 안타깝다.

만덕산 관음봉의 가을 암릉.
관음봉은 생김새가 북한산 인수봉을 닮았다.

### 왜군의 호남 진입을 막은 곰티재 전투

만덕산에 올라 일망무제 조망을 보고 몇 개의 봉우리를 넘어 곰티재에 도착한다. 곰티재는 임진왜란 때 왜군의 호남 진입을 막고자 관군과 의병이 용감히 싸운 유적지이다. 다음은 정남구 작가의 『나는 전라도 사람이다』에서 곰티재를 소개하는 글이다.

"전라도를 공격하려는 일본군에 맞서 1592년 7월 7일에서 10일까지 곰티재(웅치)와 배티재(이치) 그리고 금산성에서 치열한 전투가 벌어졌다. 김제 군수 정담을 비롯한 관군, 황박을 비롯한 의병은 남하하는 왜적을 맞아 곰티재에서 수차례 격퇴했지만 역부족이어서 결국 웅치를 내주고 후퇴했다. 정담은 끝까지 싸우다 전사하였다. 일본군도 상당한 병력 손실을 보았다. 웅치를 돌파한 일본군 부대는 전주성 밖까지 진출했으나, 의병장 이정란(1529~1600)이 성에 깃발을 잔뜩 세우고 밤에는 봉화를 올리자 함부로 공격하지 못했다. 게다가 고경명 부대가 배후에서 금산성을 친다는 소식을 듣고 왜군은 발걸음을 돌려 금산성으로 후퇴했다.

비록 웅치에서 왜군에 패했지만, 왜군이 임진왜란 최초로 강력한 방어선에 혼쭐난 전투로 조선의 매운 맛을 보여주었다. 왜군은 전주성에서 웅치로 퇴각하면서 조선군의 시체를 모아 길가에 몇 개의 무덤을 만들고는 그 위에 '조선국의 충성스런 넋을 조상한다'라는 푯말을 세웠다. 죽음을 무릅쓴 혈투에 일본군도 감동한 것이다."

곰티재 이후 오르내림이 심한 빨래판 산길을 걸어 오늘의 목적지 모래재에 골인한다. 오후 6시쯤 모래재 휴게소에서 전주 가는 버스 시간을 물어보니 6시 30분에 온다고 한다. 화장실에 가서 대충 닦고 새 옷으로 갈아입으니 한결 몸이 개운하다. 캔맥주를 마시며 버스를 기다리는데, 가게 여주인을 찾아온 손님이 가게 애완견에게 순대를 준다. 따뜻해 보이는 순대가 먹음직스럽게 보여 군침이 돌았다. 20분 연착해 6시 50분에 도착한 버스를 탔는데 승객은 나 포함 두 명뿐이다. 전주에 내려 식사한 후, 고속버스를 타고 9시 30분경 광주 집에 도착하였다. 1박 2일 동안 50km를 걸은 쉽지 않은 여정이었다. 금수강산은 서서히 가을 색으로 변해 가고 있다.

### 결혼이라는 긴 여정의 첫발을 내딛는 아들과 며느리에게

1,350km라는 긴 여정의 땅끝종주 30%를 소화하여 3정맥 분기점인 주화산에 도달한 지금, 아들 나진수와 며느리 정지은은 2019년 9월 29일 땅끝종주보다 더 긴 결혼이라는 여정에 첫발을 들였다. 산줄기를 따라 높고 낮은 봉우리를 오르내리는 것이 두 사람이 앞으로 헤쳐 나갈 삶과 크게 다르지 않을 것이다. 두 발로 걷고 가슴으로 기록한 이 산행 후기가 두 사람에게 조금이나마 지혜를 제공하리라 믿는다. 서로 따뜻하게 대화하고 감싸주는 사랑으로 구만리 같은 여정을 즐겁게 여행하길 빌며, 아빠로서 사랑한다는 말을 전한다.

부귀산에서
바라본 마이산

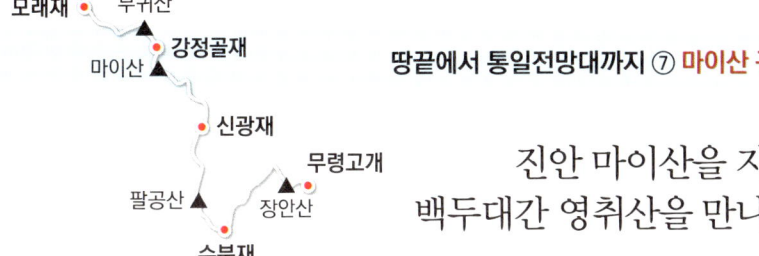

땅끝에서 통일전망대까지 ⑦ **마이산 구간**

## 진안 마이산을 지나 백두대간 영취산을 만나다

이번 구간은 무진장(무주·진안·장수군) 중 진안, 장수군 지역으로 산경표상으로 금남호남정맥 구간에 해당한다. 이 구간은 도립공원 마이산과 100대 명산 장안산, 장수 팔공산을 비롯해 1,000m가 넘는 굵직굵직한 산들이 포함되어 있다.

**제25구간**
모래재 - 부귀산 - 강정골재/21.6km/10시간 27분

## 두 도시 이야기

"누구나 마음속에 자신만의 정원을 가지고 산다. 방치하면 폐허가 되고, 아끼고 다듬으면 쉼터가 되는 마음의 정원…."

10년 전 회사 연수 중 한 교수님에게 들은 문구다. 나의 마음 정원은 산이다. 아들 결혼식이 있어 2주 동안 집에만 있었더니 산이 그립다.

10월 9일, 광주종합버스터미널에서 전주 가는 고속버스에 앉으니 마음이 설렌다. 영국 작가 찰스 디킨스가 지은 『두 도시 이야기』는 프랑스 혁명 당시 파리와 런던을 오가며 격변의 순간과 지고지순한 사랑 이야기를 그린 작품이다. 이 책은 단행본 중 세계에서 두 번째로 많이 팔린 책이라고 한다.

호남에 전주와 광주 두 도시가 있다. 두 도시를 비교하면 역사는 전주가 화려하지만, 현재 규모는 광주가 더 크다. 전주는 조선 500년 동안 전라도 감사(관찰사)가 거주했던 도시인 반면, 광주 역사는 100년이 조금 넘었다.

1895년, 청일전쟁에서 승리한 일본은 갑오개혁을 실시한다. 8도제를 없애고 일본의 현을 본떠 26부제를 실시한 것이다. 호남은 전주부, 남원부, 나주부 3부로 나뉜다. 양반 세력이 강한 나주에서 단발령에 반발하여 나주 군수를 죽이는 일이 발생하자, 나주 관찰사 윤웅렬(윤치호 아버지)은 상대적으로 안전한 광주로 처소를 옮긴다.

1896년, 13도제를 실시하면서 전라도는 전라남도와 전라북도로 나뉜다. 관찰사 윤웅렬은 의병을 진압한 후에도 나주로 돌아가지 않고 조정에 상주해 광주에 처소 두는 것을 허락받는다. 따라서 자연스럽게 광주에 도

청이 생겨 광주가 나주를 누르고 전남 제1의 도시로 발전하였다.

### 일망무제 조망 뽐내는 부귀산

전주는 광주와 달리 고속버스터미널과 시외버스터미널이 약 300m 떨어져 있다. 들머리 모래재 휴게소까지 가는 버스가 적고, 오늘 산행거리도 만만치 않아 택시를 타기로 한다. 거리가 21km나 되는데 택시 요금이 적게 나온 것으로 보아 기사가 시외할증을 적용하지 않은 것 같다. 산행코스는 모래재에서 조약봉, 오룡동 고개와 부귀산을 거쳐 강정골재까지 간다.

모래재에서 조약봉을 거쳐 금남호남정맥 620.9봉을 오르니 조망이 참 좋다. 사진 찍는데 배가 고파 이른 점심을 먹는다. 밥이 보약이라는 말이 있다. 얼마 전 건강이 나빠 휴직한 직원을 만났는데 얼굴이 많이 좋아져 이유를 물었더니, 의사 선생님이 아무리 좋은 약도 밥 한 그릇만 못하니 밥을 열심히 먹으라고 해서 실천했더니 건강이 좋아졌다고 한다.

오룡동 고개와 몇 개의 산을 넘어 도착한 부귀산 전망대는 일망무제의 조망터였다. 전망대 옆 수직으로 된 절벽에 아슬아슬 뿌리를 내린 소나무가 처연하다. 카메라 조리개를 조절해 가며 40여 분 동안 마이산 등 주변 사진을 찍고, 운 좋게 등산객을 만나 인증사진도 찍었다. 전망대에서 시간을 많이 소모해서 다음 목적지까지 빠른 걸음으로 이동한다.

강정골재에 가까워지니 해 질 녘 햇살을 받아 마이산이 붉게 빛난다. 암마이봉과 숫마이봉이 토라진 부부처럼 등을 맞대고 있는 모습이 이채롭다. 가로등이 켜진 다음에야 강정골재에 도착한다. 약 2km를 걸어 진안읍으로 이동해 숙소(모텔)를 잡고 저녁을 먹는다. 진안은 우리나라에서 금산 다음으로 인삼 거래가 많은 도시인데 마침 홍삼 축제 기간이었다. 삼겹살에 막걸리 한잔하고 자리에 누우니 금세 깊은 잠에 빠져든다.

해 질 녘 마이산

 **제26구간**
강정골재 – 마이산 – 신광재/21.5km/11시간 44분

### 진안 최고의 절경, 마이귀운馬耳歸雲

걷기의 가장 좋은 점은 조용히 생각하며 걸을 수 있다는 것이다. 뛰거나 급히 걸으면 사색이 잘되지 않는다. 10월 10일, 4시 30분에 일어나 편의점에서 즉석밥과 라면으로 아침을 먹은 후 택시를 타고 강정골재로 향한다.

강정골재는 전주에서 진안 가는 4차선 도로상의 고개로, 동물 출입을 막기 위해 도로가에 철조망을 쳐놓았기 때문에 철문을 찾기 쉽지 않다. 다행히 택시기사가 금남호남정맥 등산객을 태워본 경험이 있어 철문 근처에 내려주었다. 택시기사는 혹시라도 철문이 잠겨 있을까 봐, 내가 철문을 열고 들어갈 때까지 택시 창문을 열고 쳐다보며 떠나지 않는다. 다

부귀면 운해

행히 철문은 열쇠가 채워지지 않아 들어갈 수 있었다. 기사님께 '잘 들어왔다'는 수신호를 보냈더니 그때야 출발한다. 참 고마운 분이다. 따스한 친절에 감동하며 산행을 시작한다.

산행코스는 강정골재에서 동물이동통로를 타고 넘어 삿갓봉, 마이산, 30번 국도, 가름내재, 옥산동, 성수산, 신광재를 거쳐 장수군 천천면 와룡리 중와룡마을까지 간다. 도립공원 마이산이 오늘 산행의 포인트다. 마이산은 두 바위가 말의 귀를 닮았다 하여 조선 3대 임금 태종 때부터 마이산으로 불렸다고 전해진다. 마이산을 둘러싼 구름이 서서히 걷히는 모습이 진안 최고의 절경, 마이귀운馬耳歸雲인데 삿갓봉에 도착해 운 좋게 마이귀운을 볼 수 있었다.

봉두봉, 마이산 탑사를 거쳐 은수사로 가는 길에 사찰 매표소가 있어 요금을 지불하려고 하니, 매표소 직원이 구경 후 돌아 나오려면 입장료를 내라고 한다. "나는 돌아오지 않고 바로 갈 건데…" 중얼거리며 들어

마이산 탑사

간다.

청실배나무, 수마이봉 옆을 거쳐 30번 국도에 도착한다. 무명봉에서 점심을 먹고 가름내재에 도착하니 개들이 많이 짖는다. 인삼밭이 있는 옥산동고개를 거쳐 성수산을 오르는데 오름이 가팔라 힘이 든다. 걷다가 간벌지대에서 마이산을 돌아보니, 이번에는 마이산이 다정한 부부처럼 보인다.

성수산에 올라 시계를 보니 장수 가는 버스 탑승 시간이 촉박하다. 거의 뛰듯이 하산해 장수군 군내버스에 올랐다. 남원을 거쳐 광주버스터미널에 9시쯤 도착하며 1박 2일 산행을 마친다.

### 제27구간
### 신광재 – 장수 팔공산 – 수분재/21.5km/9시간 18분

### 물이 길고 산이 높은 장수

신선한 가을에 땅끝종주 진도를 빼려고 했는데, 불청객 감기가 찾아왔다. 주저하다 토요일은 쉬고 일요일에 1박 2일 산행을 떠나기로 한다. 토요일, 아쉬운 마음에 종일 하늘을 올려다보니 하얀 뭉게구름이 떠 있어 속이 상한다. 감기 기운이 있는데 산행을 떠난다고 아내가 걱정하자 "산을 천천히 타되, 몸 상태가 좋지 않으면 바로 돌아오겠다"고 약속한다.

10월 20일 일요일, 광주버스터미널에서 06시 05분 전주행 고속버스를 탄다. 전주시외버스터미널에서 다시 시외버스를 타고 장수군 천천면에서 내려, 택시로 들머리까지 이동하는데 창밖에 빨간 사과가 주렁주렁 열렸다. 장수 사과에 대해 기사님께 물었더니, 일교차가 큰 고랭지 사과라서 맛이 달다면서 "사과를 매일 한 개씩만 먹으면 의사를 멀리한다"는 속담도 알려준다.

오늘 산행코스는 와룡2교에서 임도를 타고 신광재에 올라 시루봉, 천상데미봉, 팔공산(1,148m), 신무산을 거쳐 수분령 휴게소까지 가는 21km이다. 장수長水 지명은 '물이 길고 산이 높다'는 수장산고水長山高에서 유래되었다고 한다. 신광재에 올라 고랭지 무밭을 보니 어릴 적 추억이 생각나 무를 한 뿌리 뽑아 입으로 껍질을 벗긴다. 그러나 입으로 벗기려니 귀찮고 옛 맛도 나지 않아 결국 버리고 말았다. 애써 키운 무인데 농장 주인에게 미안하다.

### 헤드랜턴을 켜고 하산하다

힘들게 시루봉에 올라 홍두깨재, 암봉을 거쳐 삿갓봉에서 점심을 먹는

팔공산합미성

다. 오계재, 천상데미봉, 서구리재를 거쳐 팔공산 헬기장에 도착하니 장수에서 올라온 두 쌍의 부부가 있다. 해가 서산에 넘어가려고 해서 조바심이 나던 터였다. 어디서 왔느냐고 묻길래 "광주에서 왔고, 신무산 너머 수분령 휴게소까지 간다"고 했더니, 배를 한 조각 주며 "날이 지는데 언제 거기까지 가냐"고 걱정한다. 마음이 급해 서둘러 팔공산에서 합미성을 거쳐 자고개로 내려가 신무산을 빠르게 오른다.

오후 6시가 지나자 산길은 이미 어둠이다. 캄캄한 숲속을 지날 때는 야행성 동물인 멧돼지가 슬슬 움직이는 것이 아닌지 걱정스럽다. 민박집에 늦겠다고 전화하고 헤드랜턴을 켜고 숨을 헐떡거리며 가파른 산길을 오르는데 아내에게 하산 확인 전화가 온다. "하산하려면 약 30분가량 남았다"고 했더니, 조심하라면서 전화를 끊는다.

신무산 정상에 올랐다. '신이 춤을 추었다' 하여 신무산이라는 지명이 유래되었다고 한다. 신무산에서 수분재로 내려오는 길은 장수군에서 이정표를 곳곳에 설치해 둔 덕에 어둠 속에서 길을 찾는 데 큰 도움이 되었다. 하산하고 보니 오후 6시 55분이다. 수분재 휴게소에서 저녁으로 청국장을 먹고 9시경 잠자리에 든다. 우리에게 주어진 하루, 24시간은 소모품이다. 낮잠 자는 개도, 바삐 일하는 기업가도, 산을 타는 나에게도 똑같이 24시간이 주어진다. 수분재 민박집에서 잠깐 머무르고 아침 일찍 떠나지만, 이 길을 지나다 보면 훗날 추억의 한 자락으로 회상될 것이다.

### 제28구간
수분재 - 장안산 - 영취산/22.1km/10시간 36분

### 백두대간 영취산에 접속하다

10월 21일, 5시 30분에 일어나 배낭을 챙기고 6시 30분에 청국장에 아침을 먹는다. 새벽 일찍 일어나 청국장 한 그릇과 다른 반찬들도 살뜰히 챙겨주신 수분령 휴게소 여주인의 따뜻한 마음에 감사드린다.

오늘은 수분재에서 출발해 사두봉, 밀목재, 장안산(1,230m)을 거쳐 백두대간 영취산(1,076m)까지 이어지는 산행코스다. 산에 오르니 장수읍이 분지라서 그런지 안개가 자욱하다. 예전에 수분재에서 밀목재까지는 잔가지들이 많았는데, 장수군청에서 길을 다듬어서인지 반바지를 입어도 될 구간으로 변했다. 사두봉을 거쳐 조망이 좋은 패러글라이딩 활공장에서 사진을 찍고 밀목재를 거쳐 960봉에서 점심을 먹는다. 폭신한 육산을 터벅터벅 걸으며 가을을 만끽한다. 비록 나무에 가려 장수읍내는 보이지 않았지만, 숲에서 부는 가을바람이 한없이 보드랍다.

장안산 오르막을 힘들게 올라 장안산 정상석을 배경으로 사진을 찍는다. 하산 길에는 갈대와 지리산, 백운산을 배경으로 사진을 남긴다.

장안산 갈대와 지리산

　무령고개 가는 길에 낯익은 백두대간길이 보인다. 마치 얼마 전에 걸은 것처럼 너무 익숙하게 다가온다. 익숙하다는 것은 장단점이 있다. 단점은 길에 대한 신비감이 떨어진다는 것이고, 장점은 산길을 더 잘 알 수 있다는 것이다.

　무령고개를 거쳐 백두대간 영취산에 오른다. 2018년 11월 광양 외망포구에서 시작했던 호남정맥과 2019년 4월 해남 땅끝에서 시작한 대장정이 여기서 하나의 매듭을 짓는다고 생각하니 기쁘다. 다시 무령고개로 하산하여 장수군 장계면행 택시를 부른다. 장계터미널에서 광주 가는 18시 30분 버스를 타고 1박 2일 산행을 마친다.

　10월에 걸은 모래재에서 영취산까지 4개 구간(25-28구간) 86.7km는 필자가 2년 전에도 걸었던 길로, 산경표상으로 금남호남정맥이다. 한적한 산길을 걸으면서 사색하고 싶은 분들께 적극 추천한다. 가을이면 더 좋을 것 같다. 도립공원 마이산과 1,000m대의 산 너울이 장쾌하다.

# 2부

## 지리산에서 이화령까지

땅끝에서 통일전망대까지 ⑧ **지리산 구간**

# 백두대간의 시작, 지리산 천왕봉에 오르다

이번 달은 백두대간 첫 구간인 지리산 구간이다. 산경표상 백두대간은 백두산부터 지리산까지이다. 중산리에서 출발해 천왕봉에서 일출을 보고, 만추의 지리산 주능선을 거닐고, 남원시 운봉벌판을 지나는 여정이다. 지리산은 언제 봐도 정겹고 포근한 어머니 산이다.

**제29구간**(땅통 백두대간 1구간)
중산리 – 천왕봉 – 성삼재/33km/15시간 17분

### 백두대간 출발점, 지리산

"아름다움은 절로 아름다운 것이 아니라 사람으로 인하여 드러난다"는 말이 있다. 지리산이 빼어난 자연경관을 지녔으나 그 자체만으로 존재한다면, 지리산은 그저 우리나라에 널려 있는 다른 산과 다를 게 없을 것이다. 지리산이 지리산다운 것은 뛰어난 인물들이 지리산을 찾아 올랐고,

연하봉에서 바라본
하동군과 남해쪽 산 너울

그들이 지리산에 대한 아름다운 글을 남겼기 때문이다. 지리산 유산기遊山記는 100여 편으로, 금강산 다음으로 많다.

  10월 26일, 땅통종주가 드디어 백두대간 출발점인 지리산 산행을 시작한다. 올 4월 땅끝 해남에서 첫 산행을 시작해 현재까지 땅끝기맥·호남정맥·금남호남정맥을 탔으며, 전체거리 1,350km 중 약 35%를 소화했다. 이번 달은 지리산을 더 깊이 알고 싶어 경상대학교 강정화, 최석기 교수가 쓴 『지리산 인문학으로 유람하다』와 순천대학교 문동규, 박찬모 교수가 쓴 『지리산과 구례연하반』을 읽으며 산행을 준비한다.

요즘 가을 하늘이 참 맑다. 온 산하가 단풍으로 물들어 들뜬 맘으로 집을 나선다. 그런데 출발부터 몸이 으슬으슬 춥다. 광주버스터미널을 가기 위해 시내버스를 탔는데 젊은 여성이 재킷도 없이 얇은 블라우스만 입고 있어 부러울 뿐이다. 나는 며칠 전부터 겨울옷으로 무장하고 있기 때문이다. 13시 05분 진주행 고속버스를 타고 진주고속터미널에 도착 후, 택시로 진주시외버스터미널까지 이동한다. 진주 시내 어디에서든 지리산 주능선이 선명하게 보인다. 마치 광주 시내에서 무등산을 보는 것처럼 말이다. 3시 50분, 시외버스를 타고 원지정류소, 단성, 덕산을 거쳐 오후 5시경 지리산 천왕봉의 초입지인 산청군 시천면 중산리에 도착한다. 버스를 타고 지리산 가는 길은 언제나 정겹다. 차창 밖 시골 마을엔 주홍빛 감이 주렁주렁 달려 있다.

중산리 주차장에서 버스를 내려 중산리탐방안내소 옆 민박집까지 걸어오는데 온몸이 식은땀 범벅이다. 목이 따끔따끔하고 몸이 으슬으슬 춥고 코가 막힌 것을 보니 감기몸살이다. 민박집에 배낭을 벗어놓고 곰탕 한 그릇 먹고 들어왔는데, 컨디션이 안 좋아 내일 산행이 걱정된다. 부랴부랴 스마트폰으로 벽소령대피소를 예약한다. 산행하다 몸이 너무 아프면 벽소령에서 하루 머물 계획이다. 진통제 두 알을 먹고 8시부터 잠을 청한 뒤 새벽 3시에 일어나 3시 30분 헤드랜턴을 켜고 산행을 시작한다. 중산리 야영장, 칼바위, 망바위, 법계사를 거쳐 산을 오르는데 잠을 푹 자서인지 컨디션이 좋다.

### 천왕봉 일출을 보다

개선문을 지나는데 빨갛게 동이 튼다. 일출 시간에 맞추기 위해 가파른 깔딱고개를 부지런히 올라 천왕봉에 도착했더니 일출이 시작된다. 천왕봉 정상에는 일출을 보기 위한 등산객으로 인산인해다.

천왕봉 일출. 동쪽에서 해가 빨갛게 떠오르고,
아침의 따스한 햇살이 밀려오니 가슴이 들뜬다.

천왕봉 정상에는
일출을 보기 위한 등산객으로
인산인해다.

동쪽에서 해가 빨갛게 떠오르고, 아침의 따스한 햇살이 밀려오니 가슴이 들뜬다. 부지런히 사진을 찍고 다시 천왕봉 동북쪽에 있는 조망바위로 옮겨 빨갛게 물든 천왕봉을 찍고, 천왕봉 정상석이 있는 곳으로 이동하는데 초면인 남자분이 말을 걸어온다. "열심히 사진

천왕봉 일출 역광에 어우러진 필자. 아름다운 순간을 담고자 정신없이 사진을 찍는다.

찍는 모습이 역광과 어울려 보기 좋다"며 나의 모습이 담긴 핸드폰 사진을 보여준다. 서로 통성명하는데 하동군 북천면장이라고 한다. 천왕봉에서 1시간 20분이 훌쩍 지나간다.

선현들은 어떻게 일출을 감상했을까? 관건은 천왕봉의 추위였다고 한다. 조선시대에는 지금은 헬기장인 천왕봉 옆 공터에 성모사라는 건물이 있었다고 한다. 선현들은 천왕봉의 강한 바람 때문에 반쯤 무너지고 부서진 임시 건물에서 유숙하기도 하고, 제석봉에 있던 향적사에서 묵고 아침에 천왕봉으로 다시 올라가기도 하였다. 그도 여의치 않으면 바위 밑 움푹 팬 장소를 찾아 잠자리를 마련해 하룻밤을 버텼다고 한다.

### 지리산 주능선 개척과 지리산 이름의 유래

이제 천왕봉을 떠나 지리 주능선을 걸어야 한다. 천왕봉에서 노고단까지 뻗은 25.5km의 지리산 주능선은 소의 등뼈를 닮았다. 이 주능선 길을 최초로 개척하고 종주한 이는 '구례연하반' 산악회로, 우종수 선생님을 비롯한 구례중학교 교사들이다. 이들은 1956년부터 여름방학을 이용하여 당시만 해도 빨치산 공비와 호랑이 위험이 도사린 지리산을 낫과 톱으로 나무를 베어가며 산길을 개척했다. 그리고 1958년에 4박 5일 개척등산을 하여 최초로 주능선 길을 열었다고 한다. 연하천대피소, 연하선경, 연

하봉은 그때 구례연하반에서 지은 지명이다. 연하煙霞는 안개와 노을, 즉 산수山水를 의미하고, 반伴은 짝을 이룬다는 의미로 '산수지기' 혹은 '자연의 벗'을 뜻한다.

천왕봉에서 통천문, 제석봉을 거쳐 내려오는데 조망이 환상이다. 신나게 산 너울 사진을 찍으며 내려오니 어느새 장터목대피소다. 배가 고파 도시락으로 아침을 먹고 연화봉, 연하선경, 촛대봉을 거쳐 세석대피소에 도착한다.

'지리산'이란 이름은 어떻게 생겨난 것일까? 『지리산 인문학으로 유람하다』에 의하면, 우리말 '지리하다'에서 유래되었다고 한다. 옛날 지리산 자락에 살면서 하루에도 몇 번이나 기나긴 지리산을 지리하게 오르내리던 사람들에 의해 만들어진 순수 한글 이름으로, 후대에 몇 가지 한자 이름이 붙었는데 지리산智異山도 그중 하나였다고 한다.

영신봉, 운장바위, 칠선봉, 선비샘, 덕평봉을 거쳐 벽소령대피소에 도

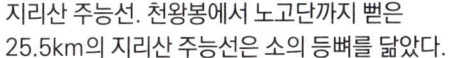

지리산 주능선. 천왕봉에서 노고단까지 뻗은
25.5km의 지리산 주능선은 소의 등뼈를 닮았다.

착하여 즉석밥으로 점심을 먹고, 걱정했던 것보다 컨디션이 괜찮아 벽소령대피소 예약을 취소한다. 시간을 보니 성삼재까지 하산이 늦어질 것 같아 걷는 속도를 빨리한다. 형제봉, 삼각고지, 연하천대피소, 명선봉, 토끼봉을 지나 힘들게 화개재 계단을 통해 삼도봉에 오른다. 힘이 들어 계단 수를 세며 올랐는데 '551계단'이었다.

**구례연하반의 삼도봉 일화**

삼도봉은 예전에 날라리봉으로 불렸는데, 그 일화를 소개한다. 『지리산과 구례연하』에 의하면, 1962년 구례연하반에서 종주등반 때 지도를 만들기 위해 각 봉우리마다 봉우리 명칭을 표기하여 산행하였는데 지금의 삼도봉은 그때까지 이름이 없었다. 우종수 총무가 이 봉우리를 어떻게 부르면 좋겠냐고 회원들에게 물었다. 회원 한 명이 봉우리 앞에 바위가 나라니('나란히'의 사투리) 서 있으니 '나라니봉'으로 하면 어떻겠냐고 했다. 다른 회원들에게 재차 물었으나 좋은 봉우리 명칭이 없었기에 지도에 일단 그렇게 표기해 놓았다.

그런데 종주등반을 마치고 집에 와서 짐 정리를 하는데, 지도에 습기가 차고 잉크가 번져 그 글자가 '날라리'로 보였다고 한다. 그래서 몇 년 동안 '날라리봉'으로 불렸는데, 연하반에서 지은 이름이 모두 좋은데 '날라리봉'은 좋아 보이지 않는다는 여론이 있어 남원산악회 등과 협의하여 전라남도·전라북도·경상남도의 경계인 이 봉우리를 '삼도봉'으로 고쳐 부르게 되었다고 한다.

노루목, 임걸령, 돼지령을 거쳐 노고단에 도착하니 어둑어둑하다. 헤드랜턴을 켜고 노고단대피소를 지나 성삼재에 도착하니 오후 6시 40분, 광주 가는 버스 막차는 오후 5시 30분에 이미 끊겼다. 택시를 불러 기다리는데 마침 순천에 사는 부부가 내려와 반반씩 부담하기로 한다. 부담을 덜어 마음이 한결 가벼워진다. 두 사람은 부부 교사로 지리산 99골 전문가라고 한다. 구례터미널에 도착해 그들과 헤어진 후, 광주 가는 막차가 20시 30분임을 확인하고, 인근 식당에서 돼지 두루치기 2인분을 시켜 구례 막걸리와 함께 밥을 먹는다. 산행 후 먹는 음식은 언제나 꿀맛이다. 땅통 백두대간 1구간으로 지리산 종주를 했다. 가슴이 콩닥콩닥하는 설렘으로 지리산을 걷다 보니 걱정했던 감기도 나를 이기지 못한 것 같다. 지리산은 언제 와도 그지없이 좋다. 그래서 어머니 산이라고 부르는가 보다.

### 제30구간(땅통 백두대간 2구간)
성삼재 – 만복대 – 여원재/21.3km/9시간 5분

### 운봉고원 곡중분수계

11월 4일, 광주버스터미널에서 06시 35분 구례행 버스를 탄다. 버스에서 한숨 자고 나니 어느새 곡성이다. 맨 앞좌석이 비어 있어 자리를 옮긴다. 버스는 섬진강가를 달린다. 서정적인 섬진강 안개가 운치를 더해 준다. 구례터미널에 도착하여 08시에 출발하는 성삼재행 버스에 아슬아슬하게 오른다.

노고단에서 종석대를 지나 북쪽 인월 앞산 덕두산까지 뻗어 나간 능선이 서북능선이다. 마치 차갑고 매서운 북서풍으로부터 지리산의 속살을 보호해 주려는 듯 의연하다. 오늘 대간길은 성삼재에서 출발해 만복대, 정령치를 거쳐 북고리봉에서 서부능선과 이별한다. 그 후 고기리, 수정봉을 거쳐 여원재까지 가는 코스다.

성삼재에서 8시 40분부터 산행을 시작한다. 단풍이 떨어진 만추의 가을 길을 걷는다. 그런데 운무가 끼어 조망이 거의 없다. 남고리봉, 묘봉치, 만복대를 거쳐 정령치에서 점심을 먹는다. 힘들게 산을 타면 밥맛이 별로 없는데, 오늘은 여유롭게 걸어서인지 입맛이 돈다. 매점에서 큰 사발면을 사서 도시락으로 싸온 밥을 말아 먹는다.

　북고리봉을 올라 고기리로 내려선다. 길가에 아직 떨어지지 않은 잎사귀가 처연히 매달려 있다. 고기리에서 오늘 찍고자 하는 사진은 부산대 손일 교수의 『앵글 속 지리학』 사진첩에 있는 고기리 '백두대간 능선길' 사진이다. 맨 먼저 선유산장 식당 여주인에게 양해를 구한 후 2층 옥상에 올라갔는데 사진 촬영 장소가 아니다. 주위를 둘러보니 5~6층 되는 건물이 보여 찾아가 아주머니에게 사진을 찍으러 왔다고 얘기했더니, 젊고 잘생긴 건물관리책임자를 소개해 준다. "죄송합니다. 〈사람과 산〉 잡지에 실을 사진을 찍으러 왔습니다. 촬영 가능할까요?"라고 물으니, 흔쾌히 허락하면서 철재 사다리를 타고 옥상까지 안내해 주고 구도도 잡아준다. 지면이나마 고맙다는 인사를 드린다.

　옥상 물탱크에서 찍은 사진은 '운봉고원 곡중분수계' 사진이다. 도로를 따라 좌측으로 흐르는 물은 섬진강으로, 우측 물은 낙동강으로 흐른다는

**운봉고원 곡중분수계**

것을 나타내주는 운봉고원 전경사진인 것이다. 그동안 세 번이나 이 아스팔트 길을 거닐며, 진짜 이 길이 백두대간길일까 고개를 갸우뚱했는데, 손일 교수님의 책자 설명을 읽고 사진까지 찍게 되니 한 건 한 기분이다. 도로 부분이 옛적에는 야산이었을 것 같아 인터넷에서 운봉읍 옛 사진을 뒤졌으나 찾지 못했는데, 그 후 나사모 이한희 회원에게 들으니, 도로가 나기 전 그곳은 '물길을 가르는 구릉지'였다고 한다.

### 인간은 파멸할 수 있어도 패배하지 않는다

사진을 찍은 후 즐거운 마음으로 도로를 걸어 노치샘, 국화가 아름다운 주택, 250년 된 노송 보호수, 가파른 덕운봉을 거쳐 수정봉(805m)으로 향한다. 수정봉은 예전 산 중턱에 수정 광산이 있어 생긴 이름이라고 한다. 입망치, 갓바위봉을 지나 어둑어둑해진 6시에 남원 여원재에 하산한다.

여원재 정류장 버스 노선표를 보니, 남원 가는 버스가 40분 후에 있어 헤밍웨이의 『노인과 바다』를 계속 청취한다. 성우의 구성진 목소리가 감미롭고, 고기를 지키기 위해 상어와 싸우는 내용이 처절하다. 『노인과 바다』는 예전에 몇 번 읽었는데, 다시 들어보니 노인과 고기와의 사투가 '우리 노년의 인생'과 닮았다는 생각이 든다. 헤밍웨이는 단문을 많이 써서 글이 쉽게 읽힌다. 헤밍웨이의 "인간은 파멸할 수 있어도 패배하지 않는다"는 성우의 말이 울림으로 다가온다.

시내버스를 타고 남원터미널에 도착해 광주 가는 버스 시간을 확인하고 추어탕을 먹는데 맛이 일품이다. 주인아주머니에게 맛있다고 얘기하니, 추어탕은 '된장 맛'이라고 한다. 광주 집에 도착하니 10시가 넘었다.

땅끝에서 통일전망대까지 ⑨ **덕유산 구간**

## 오랜 벗과 덕유산 등줄기를 거닐다

이번 육십령에서 신풍령까지 31.8km에 달하는 겨울 덕유산 종주는 중학교 동창인 김종명과 1박 2일로 함께한다. 종명이는 직장 동료이기도 하다.

**제31구간**(땅통 백두대간 3구간)
여원재 – 고남산 – 복성이재/21.1km/8시간 50분

### 원뿔처럼 솟은 천황산과 눈 덮인 천왕봉

"후회? 좀 있긴 하지. 하지만 굳이 언급할 정도는 아니고. 난 내가 해야 할 일을 했지. 나만의 방식으로."

50년 전 프랭크 시나트라가 부른 '마이 웨이My Way'는 지금까지 '가장 사나이다운 고백'으로 세계인에게 사랑받는 명곡이다. 노랫말처럼 자신만

덕유산 할미봉 바위

의 길을 걷는 것은 동서고금 남녀노소 모두의 소망일 것이다.

　11월 20일, 마이 웨이 땅끝종주는 광주버스터미널에서 06시 35분 버스를 탄다. 남원 시외버스터미널에 내려 시내버스를 타고 여원재에 도착해 마애불을 구경한 후 산행을 시작한다. 산행코스는 고남산과 말의 허리를 닮았다는 매요마을, 광주대구고속도로가 지나는 사치재와 시리봉, 아막성을 거쳐 복성이재까지 가는 21km이다.

　남원은 경상도에서 전라도로 넘어오는 요충지로, 고려 말 이성계가 왜구와 싸웠던 격전지이다. 『처음 읽는 정유재란 1597』・『정유재란(잊혀진

여원치 마애불

전쟁)』에 의하면, 남원성은 정유재란 때 관군 1천 명, 명나라 원군 3천 명이 나흘 동안 왜구 5만 6천 명에 맞서 싸우다 성내 주민 6천 명을 포함하여 1만 명이 몰살당했던 비극의 도시다. 그 후 왜군은 좌·우군으로 나눠 호남지역을 휩쓸면서 전공 증거물로 죽은 사람, 산 사람 가리지 않고 무수히 많은 코를 베어갔다고 한다.

오늘 등산길은 늦가을의 서정이 가득하다. 며칠 동안 가을비가 내리고 흐리더니 오랜만에 하늘이 맑다. 덕분에 시골 마을과 들판을 바라보며 걷는 길이 정겹다. 고남산 맞은편으로 원뿔처럼 솟은 천황산(910m)과 눈 덮인 지리산 천왕봉 조망이 펼쳐진다.

아막산성을 넘어 복성이재에서 산행을 마친다. '아막'이란 주성主城을 뜻한다. 오늘 민박지는 4년 전 홀로 백두대간 산행 때 묵었던 남원시 아영면 성리의 철쭉식당이다. 민박집 여주인은 그사이 얼굴이 더 젊어졌다.

지리산 휴게소와 지리산 천왕봉

씻은 후 여주인이 차려온 밥상에 남원 생막걸리를 곁들여 맛나게 저녁을 먹었다.

  **제32구간**(땅통 백두대간 4구간)
복성이재 – 백운산 – 육십령/32.5km/14시간 31분

### 오르고 올라도 끝이 없는 백운산

11월 21일, 4시에 일어나 씻고 아침을 먹는다. 새벽부터 따뜻한 음식을 준비해 준 민박 여주인에게 감사의 마음을 전하며 깜깜한 5시에 민박집을 나선다. 새벽 고요를 깨뜨리기 싫어 스틱을 들고 조용히 걷는데, 개는 역시 귀가 밝다. 한 마리가 짖으니 온 동네가 합창한다. 목줄에 묶여 있어 다행이라고 생각하는데 한 마리 풀어진 개가 있다. 해가 나기 전이라 그런

2부 지리산에서 이화령까지   **121**

지 눈에 파란빛이 돌아 섬뜩하게 느껴진다.

도로를 1km 걸어 복성이재에 도착해 산속으로 들어선다. 어두컴컴한 숲속에 홀로 들어서는데 그런 내가 한심하게 느껴진다. 무슨 큰일을 하겠다고. 멧돼지가 무서워 '책 읽어주는 라디오'를 켠다. 라디오를 들으니 한결 마음이 편해진다.

오늘은 봉화산, 중재를 거쳐 백운산(1,278m)을 올라 영취산, 북바위, 구시봉, 육십령까지 가는 32km 산행이다. 봉화산에서 붉은빛 일출에 물든 산야를 정신없이 찍다 보니, 아침에 겪었던 어려움이 다 잊히고 마치 시인이 된 기분이다. 봉화산에서 500m쯤 이동하니 시멘트 도로가 보인다. 등산로에 세워진 지도판을 보니, 민박했던 철쭉식당부터 여기까지 이어지는 임도라 큰 카메라를 차에 싣고 일출 사진을 찍어도 좋겠다는 생각이 든다.

연비지맥 시작점인 삼계봉을 지난다. 연비지맥은 경상남도 함양군 백천면과 전라북도 남원시 아영면의 도계를 가르는 지맥길이다. 광대치, 월경산 입구, 중재, 중고개재를 지나 백운산을 오른다. 백운산은 오르고 올라도 끝이 없다. 힘이 떨어지고 배가 고파 도시락을 꺼내며 시간을 보니 2시 20분이다. 장계면에서 출발하는 광주행 6시 30분 막차를 놓치면 어쩌나 하는 조급한 마음이 든다. 보온밥통에 물을 부어 급하게 먹다 그만 체하고 만다. 아니, 이게 무슨 사서 고생인가.

### 풍파는 언제나 전진하는 자의 벗

점심 이후부터는 사진도 거의 찍지 않고 쉼 없이 걷는다. 영취산에 도착하니 오후 3시 40분, 이정표를 보니 육십령까지 11.8km 남았다. 만약 여기서 산행을 멈추면 다음 구간을 이어가기 힘들다. 2시간 후면 어두워질 텐데 이미 광주행 버스 타기는 틀렸다. 열심히 걸어 5시 20분에 북바위에

봉화산 일출과 지리산

백두대간 가는 길.
땅끝종주는 2019년 12월 말 기준 52%를 진행했다.

구시봉 북바위

도착한다. 다행히 노을을 배경 삼아 북바위 사진을 찍을 수 있었다. 이왕 늦었으니 차분히 간식을 먹고 헤드랜턴을 꺼내 야간 산행을 준비한다.

　대간길 왼쪽으로 장계면 소재지 불빛이 보인다. 그러나 아름답다는 생각이 들지 않는다. 아름다움은 '심신이 편하고 여유로울 때' 느끼는 것 같다. 칠흑 같은 어둠 속, 멧돼지에게 나의 존재를 알리기 위해 라디오 볼륨을 크게 높인다. 민령을 거쳐 구시봉을 오르는데 아내에게 전화가 온다. 걱정을 주어 미안하다. 7시 30분에 육십령에서 하산하여 택시를 불러 장계터미널로 간다. 전주 가는 20시 45분 버스 시간을 확인하고, 인근 식당에서 대구구이를 시켜 저녁을 맛나게 먹는다. 전주를 거쳐 집에 도착하니 12시가 조금 넘었다. 이틀 동안 등산객 한 명 만나지 못했지만 걷는 내내 주변 산, 만추의 들판, 바삭바삭 밟히는 낙엽 소리가 정겨웠다. 모든 것이 내가 좋아하는 일이기 때문이리라.

배낭만 정리하고 잠을 자는데 새벽녘에 콧물이 흐르는 것 같아 콧물감기라 생각하고 손으로 닦으며 잠을 잤는데, 아침에 일어나 거울을 보니 코피다. 코피를 닦아내는데 "먼 곳으로 가는 배가 풍파를 만나지 않고 조용히만 갈 수 없다. 풍파는 언제나 전진하는 자의 벗이기 때문이다. 역경에 부딪칠수록 내 가슴은 뛴다"는 니체의 말이 생각난다. 뒤이어 지금까지의 산행이 내 체력으로 버거워 코피가 난 것 같아, 한겨울인 만큼 무리가 되지 않게 겨울 산행 횟수를 줄이기 위해 '땅통종주 일정표'를 수정하여 〈사람과 산〉 문예진 기자와 공유한다.

**제33구간**(땅통 백두대간 5구간)
육십령 – 남덕유산 – 삿갓재대피소(1박)/12.5km/7시간 30분

### 고향 친구와 겨울 덕유산 종주

12월 19일, 덕유산 종주는 천안에 사는 고향 친구와 1박 2일로 진행한다. 중학교 동창으로는 유일하게 같은 회사에 다니고 있어 동질감이 느껴지는 친구다. 광주터미널에서 07시 05분 버스를 타고 남원터미널로 간다. 터미널에 8시 15분에 도착해 체격 좋은 버스기사에게 출발 시간을 물으니, 8시 30분에 떠난다고 한다. 화장실에 다녀온 뒤, 터미널 밖의 왕만두 왕찐빵 가게에서 김이 무럭무럭 솟는 왕찐빵을 사들고 버스에 탑승하여 기사에게 1개 드리니 맛나게 드신다.

9시 30분에 장계터미널에 도착하여 친구 차로 육십령으로 이동 후 산행을 시작한다. 배낭 무게가 13㎏이어서인지 어깨로 하중이 묵직하게 전해진다. 산행코스는 육십령, 할미봉, 서봉, 남덕유산, 월성재, 삿갓봉을 거쳐 삿갓재대피소에서 1박 할 예정이다. 혼자 외로이 산행하다 친구랑 같이하니 기분이 좋다. 할미봉에 힘들게 올라 사진을 찍고 간식도 먹는다. 서로 1년 이내에 퇴직해야 할 처지여서, 앞으로 어떻게 살 것인가에 대한 이야기가 주를 이룬다.

### 잘못된 대포바위 표지판
"종대야! 왜 할미봉이라고 할까?"

친구가 내게 묻는다. 예전의 백두대간 기억을 더듬어 "할미봉은 산 아래 합미성에서 유래한 것 같다"고 답해 준다. 할미봉을 조금 지나면 장수군청에서 세운 대포바위 표지판이 있다. 내용을 읽어보니 '임진왜란 당시 전주성을 치기 위해 함양을 거쳐 육십령 재를 넘어와 고갯마루에서 할미봉 중턱을 바라보니 엄청나게 큰 대포가 서 있음에 깜짝 놀란 왜군은 혼비백산하여 오던 길을 되돌아 운봉을 거쳐 남원 방향으로 선회해 장계지역이 화를 면했다'고 쓰여 있다.

이번 산행을 준비하면서 '정유재란'에 관한 책을 읽어서인지, 두 가지 잘못된 글귀를 찾을 수 있었다. 첫째, 임진왜란이 아닌 정유재란이다. 두 번째, 왜군은 육십령 인근에 위치한 황석산성을 무너뜨리고 육십령, 장계, 진안을 거쳐 전주로 갔다. 즉, 표지판처럼 대포바위에 놀라 왜군이 되돌아간 것이 아니다.

할미봉 내리막길은 철계단 설치 공사가 한창이다. 어렵게 양해를 구해 가느다란 밧줄을 잡고 힘겹게 내리막을 통과한다. 덕유교육원 삼거리를 지나 점심을 먹으려고 자리를 잡는데 친구가 천안 막걸리 두 병을 배낭에서 꺼낸다. 친구가 따라주는 막걸리를 두 잔 했더니 기분이 아주 좋다.

"친구야! 고맙다."

힘들게 서봉을 거쳐 남덕유산에 올라 사진을 찍고 삿갓봉을 향해 가는데 친구가 매우 힘들어 한다. 무사히 삿갓재대피소에 도착해 배낭을 열어보니 내가 챙기기로 했던 쌀이 없다. 다행히 대피소에서 즉석밥을 팔아 구입한 뒤 프라이팬에 삼겹살을 구워 친구와 함께 저녁을 먹는다.

### 제34구간 (땅통 백두대간 6구간)
### 삿갓재대피소 – 백암봉 – 신풍령/19.3km/8시간 20분

### 아름다운 눈꽃 산행

12월 20일, 6시경에 일어나 아침을 먹고 7시 넘어 이틀째 산행을 시작한다. 산행코스는 무룡산, 동업령, 백암봉, 귀봉, 횡경재, 지봉, 대봉, 갈비봉, 빼봉을 거쳐 신풍령까지다. 새벽에 눈이 조금 내려 나무에 눈꽃이 피었다.

무룡산을 넘어 백암봉까지 가는데 상고대도 열렸다. 상고대는 영하 6도 이하, 습도 90% 정도에 바람이 초속 3m 이상일 때 피어난다. 백암봉을 지나 귀봉에서 점심을 먹는데 시원한 막걸리를 곁들이니 기분이 좋다. 남은 멸치, 깻잎, 김치를 한데 모아 즉석밥 3개로 맛나게 밥을 먹는다.

덕유산 종주 둘째 날은 친구 김종명과 삿갓재대피소를 출발해 무룡산과 백암봉, 대봉과 갈비봉을 지나 신풍령까지 산행을 이어갔다.

무룡산 백두산 바위

무사히 덕유산 종주를 마치고 신풍령 표지석에 도착한 필자와 오랜 벗 김종명(우측)

갈미봉을 지나 장계택시를 부른 뒤 신풍령에 하산하니 택시가 도착해 있다. 택시기사에게 부탁해 백두대간 표지석에서 친구와 둘이 손잡고 인증사진을 찍는다.

## 아쉬운 대피소 관리

택시가 무주군 안성면에 들어선다. 육십령에서 장계터미널까지는 친구 차를 타고 이동한다. 친구가 말하기를 "택시기사가 창문을 열고 달린 것은 우리 둘의 고약한 냄새 때문"일 거라고 한다. "아, 그렇구나!" 하고 나도 고개를 끄덕인다. 장계면에서 친구랑 저녁을 먹으면서 예전에 등산을 같이했던 서울 사는 중학교 동창과 통화를 한다. 〈사람과 산〉에 연재하는 땅끝종주 덕유산 구간을 오늘 둘이 걸었다는 얘기를 하며 전화를 끊었는데, 5분쯤 지나 그 책을 어떻게 구독하느냐고 서울 친구로부터 다시 전화가 온다. 〈사람과 산〉 담당자 전화번호를 카톡으로 알려주려 하자, 천안 친구도 같이 구독하겠다고 한다. 예기치 않게 정기 구독자가 두 명 늘었다. '앞으로 원고를 더 정성껏 써야겠다'는 의무감을 느낀다.

친구와 헤어져 장계터미널에서 광주 가는 버스를 탄다. 집에 돌아와 씻으려고 옷을 벗으니 이틀 동안 씻지 못해 고약한 냄새가 진동한다. 국립공원공단이 운영하는 대피소는 말 그대로 산장이 아닌 대피소다. 과거 군대 내무반을 연상케 하는 나무 침상에 진한 초록색 군용 모포를 덮고 잠을 잔다. 식사까지는 바라지 않는다. 하지만 예전에 산악회에서 갔던 말레이시아의 코타키나발루, 일본의 아리가다케(북알프스)에서도 가능했던 깔끔한 침구와 온수 샤워를 바라는 것은 너무 과한 일일까? 심지어 이들 산장은 삿갓재대피소보다 두 배가량 높은 고도에 위치하고 있다.

### 땅끝에서 통일전망대까지 ⑩ 삼도봉 구간

## 전라·경상·충청의 경계, 삼도봉에 오르다!

이번 달은 전라도, 경상도, 충청도의 경계를 지나는 삼도봉 구간이다. 무주군 신풍령에서 출발한 땅통 백두대간은 삼봉산, 대덕산, 부항령, 삼도봉을 넘어 영동군 우두령에 다다른다. 삼도봉에서는 올겨울 유난히 귀했던 눈꽃을 보았다.

**제35구간**(땅통 백두대간 7구간)
신풍령 – 대덕산 – 부항령 / 21km / 10시간 23분

### 3개 봉우리로 이루어진 삼봉산

사람에게는 크게 2개의 공간이 있다. 하나는 집이고, 또 하나는 일터다. 대부분의 사람이 이 2개의 공간에서 시간을 보낸다. 미국의 사회학자

좌측부터 삼도봉과 석기봉. 삼도봉 주위로 민주지산을 거쳐 온 등산객이 꽤 보인다.

레이 올든버그는 행복지수가 높은 사람들을 살펴보았는데, 이 사람들에게는 집과 일터 외에 제3의 공간이 있었다고 한다. 제3의 공간은 '언제든 찾아가서 편안하게 시간을 보낼 수 있는 자신만의 특별한 아지트'를 의미한다. 나에게 제3의 공간이자 마음의 정원은 '산'이다.

3주 만에 땅끝 백두대간 산행을 이어간다. 2020년 1월 11일, 새벽 3시 일어나 씻고 오랜만에 내 차로 출발한다. 오늘은 광주의 산꾼 정인주(늘산)

선배와 함께한다. 정인주 선배는 블로그 친구다. 홀로 산행의 외로움을 알기에 운전이라도 해주겠다고 해서 동행하게 되었다.

신풍령에 내리니 바람이 세차게 불고 아직 사위는 어둑어둑하다. 산행 채비를 하고 들머리로 들어선다. 산행코스는 삼봉산·소사고개·초점산·대덕산·덕산재·853봉을 거쳐 부항령까지 가는 21km로, 크게 2개의 산인 삼봉산과 대덕산, 2개의 재인 소사고개와 덕산재를 넘는다. 3주 만에 산길에 접어드니 코끝을 스치는 바람 내음이 좋고, 잔설이 남아 있는 등산로가 와락 반가움과 정겨움으로 다가온다. 오늘은 산동무 '책 읽어주는 라디오'를 켜지 않고 산의 고독 속으로 빠져든다.

삼봉산三峰山 정상에 산행 안내표시판이 세워져 있다. '3개의 봉우리로 이루어져 삼봉산이란 이름이 유래'했고, '정상부에는 석불바위, 장군바위, 칼바위가 있다'고 쓰여 있다. 미리 공부하고 왔으면 3개의 바위를 찾

삼봉산 기암괴석. 삼봉산은 암릉지대와 급경사 내리막이 있다.

을 수 있을 텐데, 찾지 못하고 스치기만 해서 아쉽다.

삼봉산에서 암릉지대와 급경사 내리막을 지나 소사고개로 향한다. 내리막길은 응달이기도 하지만 등산객이 자주 다닌 관계로 눈으로 다져져 미끄럽다. 12발톱짜리 짚신아이젠을 꺼내 신는다. 아이젠은 독일어로 슈타이크아이젠Steigeisen, 영어로 크램폰Crampon이라고 한다. 독일어에서 슈타이크는 '오르다', 아이젠은 '쇠'를 뜻한다.

이번 산행을 준비하면서 두 권의 산서山書를 읽었다. 정광식의『영광의 북벽』과 심산의『마운틴 오디세이』다.『영광의 북벽』은 30년 동안 산악인이 뽑은 산서 부문 베스트 1위로, 세계에서 가장 위험한 등산지인 스위스 아이거 북벽(3,970m)의 1,800m 직벽을 4박 5일 동안 작가와 동료 두 명이 생사를 넘나들며 오른 등산기이다.『영광의 북벽』에는 험한 구간을 등정하다 아이젠이 벗겨져 어려움에 처하고, 생명까지 잃게 된 내용이 등장한다. 위험을 무릅쓴 선배 산악인들을 생각하며 미끄러운 고개를 내려간다. 선배들 덕분에 '안전하게 개량된 아이젠을 차고 등산하는구나'라는 감사한 마음을 느낀다.

### 수도지맥 분기점 지나 부항령으로

양지바른 곳에서 도시락을 먹고 내리막을 이어가 소사고개에 도착하니 동물이동통로가 만들어져 있다. 통로 지하를 거쳐 탑선슈퍼에 들러 귀여운 검은 고양이를 보며 따뜻한 커피를 마신다. 탑선슈퍼는 거창군 고제면 봉계리 소사마을에 위치한다. 동물이동통로 기준으로 무주 쪽 가게인지라 무주군 무풍면이겠거니 짐작했는데 거창군이라니 의외다. 거창군 고제면은 거창 사과의 주산지이다. 거창 사과가 유명한 이유는 높은 고도에서 생산되어 사과 당도가 높고 과육이 단단하기 때문이다.

힘들게 초점산崋岾山을 오른다. 삼도봉이라는 별칭으로도 불리는 초점산

소사마을과 탑선슈퍼. 탑선슈퍼는 거창군 고제면 봉계리 소사마을에 있다.

은 전북 무주, 경남 거창, 경북 김천의 경계를 이루는 산으로 수도지맥의 분기점이기도 하다. 수도지맥이란 수도산, 오도산을 거쳐 합천 낙동강(황강)에서 수명을 다하는 도상 101.9km의 산줄기다. 토요일이라 등산객을 종종 만난다. 오늘 산행의 최고봉인 1,290m 대덕산大德山을 지나 얼음폭포와 덕산재를 거쳐, 힘겹게 853봉을 넘으니 땅거미가 질 무렵에야 비로소 부항령釜項嶺에 도착한다. 부항령은 부뚜막을 닮은 고개란 뜻이다.

부항령에는 선배가 기다리고 있다. 선배는 나와 함께 산행하지 않고, 김천시 부항면 해인리에서 삼도봉을 오르는 짧은 코스를 선택했다. 오늘 땅통종주는 21km를 걷는 장거리 산행이었기에 체력적으로 부담스럽기도 하고, 부항령까지 차를 이동하는 문제도 있기 때문이다.

부항령에서 차로 5분 거리의 무주군 무풍면 소재 신라가든 민박집에 숙소를 정하고 저녁으로 삼겹살을 먹는다. 혼자 저녁을 먹었다면 외로웠을 텐데 함께하니 막걸리가 달다. 선배에게 언제 백두대간을 했느냐고 물으니 "1997년 광주의 하늘소산악회에서 했는데 그때는 등산로가 정말 험난했다"고 한다. 2003년부터는 광주의 모 산악회 회장을 지낸 후, 홀로 지리산 99골을 파고들어 지리산의 천변만화天變萬化 계곡과 능선의 섬세한 숨결을 10년 이상 느꼈다고 한다. 광주 최고의 지리산 비경 전문가이다.

### 제36구간(땅통 백두대간 8구간)
부항령 – 삼도봉 – 우두령/20.4km/10시간 45분

#### 버리지 못할 책, 산서山書

내게 나쁜 버릇이 있는데 뭔가를 시작하면 빠져들면서 우선 물건부터 사는 것이다. 배낭만 해도 무수히 많다. 이 버릇으로 아내한테 자주 핀잔을 듣는다. 책도 마찬가지다. 아내는 도서관에서 빌려보라고 하지만, 독후감을 쓰기 위해 밑줄을 그어야 한다며 사서 읽는다. 그러다 보니 2년마다 많은 책을 버리거나 중고서점에 판다.

이제 퇴직이 몇 달 남지 않았다. 광주, 사택, 회사에 책이 수북이 쌓여 있다. 처리하려니 머리가 아프다. 그런데 버리지 못할 책이 있다. 산서山書다. 답사여행이나 예술품의 감상에서 흔히 거론되는 '아는 만큼 보인다'라는 명제는 산의 세계에서도 에누리 없이 적용된다. 산에만 오르고 산서를 읽지 않는다면 그것은 반쪽짜리 산행이다. 산서에만 매달릴 뿐 산 근처에는 얼씬도 않는다면 그것 역시 어설픈 남독 행위에 지나지 않는다.

산서는 사람이 산을 다니면서 산과의 부딪침으로 빚어진 책이다. 심산의 『마운틴 오디세이』는 지금까지 유명한 산서 41권을 발췌해 소개한 책으로, 2017년 1월 한국산서회에서 발표한 '한국의 산서山書 BEST 30' 중 5위에 선정되었다. 『마운틴 오디세이』에서는 중요한 산서 목록과 주요 내용을 파악할 수 있는데, 2018년에 『마운틴 오디세이』를 처음 읽으면서 책에 소개된 다섯 권의 산서를 구매했고, 올해 두 번째 읽으면서 두 권의 산서를 추가로 인터넷 중고서점에서 구매했다.

### 두려움과 설렘을 안겨주는 눈꽃

1월 12일, 5시 30분에 일어나 민박집 여주인이 끓여준 재첩국에 아침을 먹는다. 여주인은 아침을 준비하기 위해 5시에 일어났다고 한다. 부항령까지 자가용으로 이동하여 7시 20분에 홀로 산행을 시작한다. 산행코스는 백수리산, 백석산, 삼도봉(1,176m), 밀목재, 푯대봉, 석교산을 거쳐 우두령까지 20km 코스다. 정인주 선배와 헤어져 백수리산을 오른다.

부항령에서 출발할 때는 나뭇가지 사이로 일출 사진까지 찍었는데, 백수리산에 오르니 갑자기 눈이 내린다. 눈 세상이 되니 두려움과 설렘이 교차한다. 그 느낌은 다음 세 가지다. 우선, 추워진 날씨에 대한 걱정이다. 지금 체감 온도가 영하 15도가 넘는 것 같다. 문득 1998년 4월 1일에 일어난 '민주지산 특전사 동사 사고'가 떠오른다. 이 사고는 동계 복장을 갖추지 못한 상태에서 오늘처럼 갑작스러운 눈보라를 만나 저체온증으로 여섯 명의 대원이 사망한 사고이다. 나의 복장을 점검해 보니 그런대로 동계 산행 준비가 되어 있다. 특히, 내복을 입고 오길 잘했다.

두 번째로, 올해 처음으로 등산로에 소복이 쌓인 흰 눈을 보니 마음이 즐겁다. 세찬 바람으로 나무에는 상고대가 열려 보기 좋다. 찰칵! 찰칵! 신나게 셔터를 누른다. 마지막으로, 눈길에 첫발자국을 내고 보니 이청준 작가의 『눈길』이 생각난다. 이 단편은 예전에 1시간 분량의 오디오북(DVD)으로 자주 듣곤 했는데, 하늘나라에 계신 어머니를 떠올리게 한다. 장흥 출신 이청준 작가는 본인의 이야기를 바탕으로 이 작품을 쓴 것 같아 작가의 진솔함을 느낄 수 있었다.

삼도봉까지 대간을 걷는 동안 등산객을 한 명도 보지 못했다. 홀로 생각에 젖어 걷다 보니 어느새 삼도봉이다. 정상 도착 전 햇볕이 잘 드는 곳에서 점심을 먹고 삼도봉에 오르니 일요일이라 그런지 민주지산을 거쳐 온 등산객이 꽤 보인다. 조망도 그새 많이 좋아졌다.

### 삼도봉의 역사와 지명 유래

산은 고을과 고을을 구분한다. 조선 3대 태종 때인 1414년 조정에서는 나라 땅을 팔도로 나누면서 하삼도下三道라 명명했다. 즉 경상도와 전라도·충청도의 경계를 어느 산봉우리를 중심으로 삼도록 했고, 그곳을 삼도봉이라 했다. 당시 삼도봉을 삼도의 경계로 삼은 것은 이 땅에 사람이 살기 시작하면서부터 자연스럽게 산을 경계로 생활풍습, 언어, 음식문화를 달리하고 있었던 점을 충분히 고려한 것이다. 그 결과 삼도봉을 중심으로 덕유산·대덕산·황악산을 잇는 백두대간이 경상도와 전라도, 충청도의 경계선이 되었고, 삼도봉~민주지산 능선이 전라도와 충청도의 경계선이 되었다.

경상도와 전라도·충청도 경계 삼도봉에서

'삼도봉' 지명은 세 군데 있는데 민주지산이 있는 경상·전라·충청 즉, 하삼도의 분기점인 삼도봉과 지리산 반야봉 아래 경남·전남·전북의 삼도 경계지점의 삼도봉, 초점산이 있는 경남·경북·전북이 만나는 삼도봉이다.

그런데 이곳 삼도봉 정상석은 지나칠 정도로 크고 흉물스럽다. 화가 밀레는 "어떠한 사물도 적절한 장소에 놓일 때 아름답지 않은 것이 없다. 그와 반대로 적절한 시간과

석교산에서 바라본
해 질 녘 민주지산

우두령. 석교산(1,207m)에 오른 뒤
우두령에 하산하니 오후 6시다.

장소를 떠나면 아름다운 것이 하나도 없다"고 했다. 주변 산세와 어우러지고 인증사진을 찍을 때 멋진 사진이 나올 수 있는 아담한 정상석으로 교체되었으면 좋겠다.

조망이 좋은 삼도봉에서 사진을 찍고 심마골, 밀목재를 거쳐 푯대봉(1,172m)에 도착한다. 푯대봉 나무 표지판은 최근에 세워진 것 같다. 푯대봉에서 바라본 산 경치는 말 그대로 산국山國이다. 깊은 산속에 갇혀 있는 느낌이 종일 이어진다. 힘겹게 석교산(1,207m)에 오른 뒤 우두령에 하산하고 보니 오후 6시다.

우두령은 경북 김천시 구성면 마산리와 충북 영동군 상촌면 흥덕리를 잇는 고갯마루다. 고개의 생김새가 멀리서 보면 소의 머리를 닮았다고 하여 우두령牛頭嶺이라는 이름이 유래했다.

선배는 오늘 석교산을 등산하고, 6·25 전쟁 때 미군의 폭격으로 양민 300여 명이 학살된 노근리를 다녀왔다고 한다. 거창읍으로 이동하여 함께 저녁을 먹고 광주대구고속도로를 통해 광주에 도착한다.

이번 구간은 대중교통으로 접근하기 어려운 구간인데, 정인주 선배 덕에 무사히 산행을 마무리 짓는다. 선배가 차를 가지고 이동한 덕에 갈아입을 옷 등을 차에 두고 갈 수 있어 배낭 무게도 가벼웠다. 3월까지는 동계인 점을 고려하여 1박 2일로 한 번만 진행하고, 4월 속리산 구간부터 월 4회로 정상 진행할 계획이다. 1박 2일 동안 EBS '책 읽어주는 라디오'에서 생텍쥐페리의 『어린왕자』, 마거릿 미첼의 『바람과 함께 사라지다』, 이문열의 『우리들의 일그러진 영웅』이 친구가 되어주었다.

금산에서 바라본 추풍령 저수지. 금산부터 작점고개까지는 산경표의 원리에 의해 추풍령 저수지를 끼고 크게 돌아가는 산길이다.

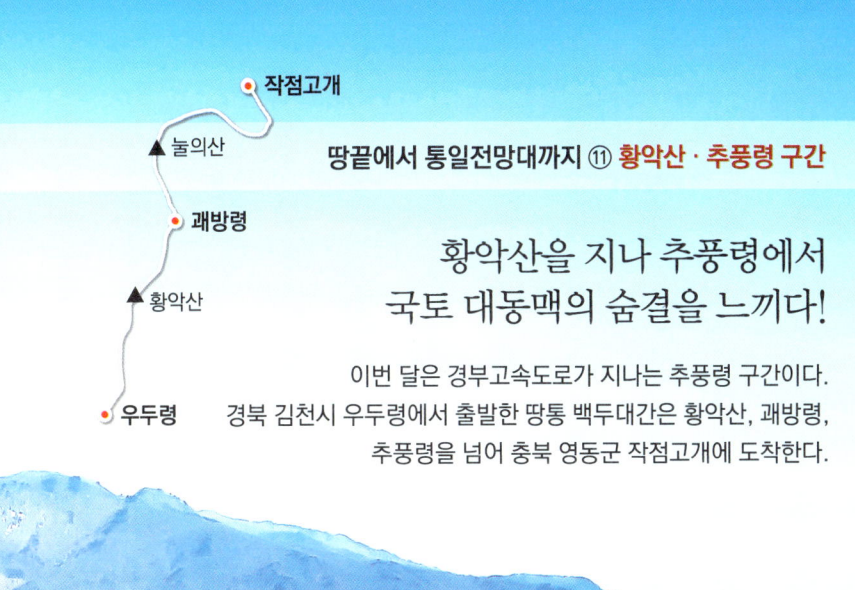

땅끝에서 통일전망대까지 ⑪ **황악산·추풍령 구간**

## 황악산을 지나 추풍령에서 국토 대동맥의 숨결을 느끼다!

이번 달은 경부고속도로가 지나는 추풍령 구간이다. 경북 김천시 우두령에서 출발한 땅통 백두대간은 황악산, 괘방령, 추풍령을 넘어 충북 영동군 작점고개에 도착한다.

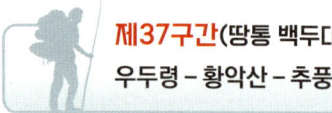

### 제37구간(땅통 백두대간 9구간)
우두령 – 황악산 – 추풍령/12.8km/6시간 28분

## 코로나로 불발된 동창 산행

　코로나가 기승을 부리고 있다. 이번 구간엔 산꾼들이 포근히 쉴 수 있는 괘방령이라는 산장이 있어 시골 중학 동창들과 함께 산을 타고 저녁에는 즐거운 얘기를 나누려고 한 달 전에 약속을 잡았는데, 코로나 때문에 함께하지 못하고 홀로 출발한다. 이번 산행은 나의 회갑 산행이어서 땅통 종주가 더욱 의미 있게 다가온다. 가족과 조촐한 식사도 한다.

　2월 19일 새벽 6시, 광주버스터미널에서 대전복합터미널까지 고속버스를 탄다. 충북 영동군 황간터미널에 도착하니 9시 30분이다. 우두령 가는 군내버스를 알아보니, 9시 50분에 우두령에서 1.5km 못 미친 상촌면 흥덕리에 가는 군내버스가 있다. 오늘 산행거리는 12km로 짧은 편이라 여유가 있지만 택시를 탈까? 군내버스를 탈까? 망설이다 택시를 탄다.

　택시는 추억을 안고 달린다. 5년 전 필자가 홀로 백두대간 종주를 할 때 추풍령에 차를 세우고 아내, 아들, 딸과 함께 택시로 우두령에 갔던 추억이 떠오른다. 창밖으로 보이는 감나무 가로수가 고도를 올릴수록 점차 호두나무로 바뀐다. 택시는 매곡면 소재지, 상촌면 소재지를 거쳐 우두령 가는 지방도로로 접어든다. 멀리 황악산과 민주지산의 장쾌한 산 너울이 눈에 들어온다. 이번에 같이 백두대간을 타기로 했던 동창 네 명은 모두 백두대간이 처음인지라 산행 날을 손꼽아 기다렸다고 한다. '코로나 때문에 불발되었지만, 고향 친구들이랑 같이 왔으면 얼마나 좋았을까?'라는 아쉬움이 밀려온다.

　우두령에 10시 30분에 도착하여 산행을 시작한다. 택시 타기 정말 잘했다는 생각이 든다. 만약 군내 버스를 탔다면 온 마을을 구석구석 들렀

바람재에서 바라본 황악산 형제봉. 황악산은 과거에는 학이 많이 찾아와 황학산(黃鶴山)이라 불렀다.

을 뿐 아니라 흥덕마을에서 우두령까지 1.5km 오르막 도로를 걸어야 해서, 우두령에서의 산행 출발 시간이 1시간 정도는 늦어졌을 것이다.

산행코스는 삼성산, 여정봉, 바람재, 형제봉을 거쳐 최고봉인 황악산을 올라 여정봉, 여시골산을 통해 괘방령까지 가는 코스다. 산길로 들어서니 이틀 전 내린 눈이 발등까지 빠질 정도로 쌓여 있어 아이젠과 스패츠를 찬다. 동물 발자국이 찍힌 눈길을 걷는다. 아무도 없는 길을 걷는 것, 외로움을 느끼지만 많은 생각을 하게 한다.

### 천년 고찰 직지사 지나 괘방령산장으로

삼성봉을 오른다. 삼성봉은 인근의 삼성암이라는 암자에서 이름이 유래했다고 한다. 여정봉으로 가다 바위 조망처가 있어 지나온 삼도봉과 멀

2015년 2차 백두대간 여시골산 벤치 휴식 사진
좌측부터 아내, 딸, 아들과 함께

2015년 2차 백두대간 황악산 정상 가족 사진

리 민주지산을 바라본다. 흰 눈 쌓인 덩치 큰 겨울 산이 웅장해 보인다. 여정봉 벤치에서 홀로 점심을 먹는다. 5년 전 한여름에도 여기서 가족들과 점심을 먹었는데, 그사이 나무 벤치가 생겼다.

눈 쌓인 길을 걷다 보니 힘이 많이 들어 걸음이 점차 늦어진다. 바람재, 신선봉 삼거리, 형제봉을 거쳐 산림청 100대 명산인 황악산黃嶽山에 오른다. 황악산은 해발 1,111m 비로봉을 중심으로 백운봉(770m), 운수봉(740m)으로 구성된 직지사의 진산이다. 과거에는 학이 많이 찾아와 황학산黃鶴山이라 불렀다. 정상에 김천시에서 온 여성 등산객이 있어 인증 샷도 찍는다. 정상을 떠나 200m 정도 거리에 바위조망대가 있어 바위에 오르니 직지사直指寺와 김천 시내가 훤히 내려다보인다.

직지사는 신라 눌지왕 2년(418년) 아도화상에 의해 신라에서 두 번째로 창건된 천년 고찰이다. 아도화상이 가리킨 손가락 끝을 따라와 세웠다는 직지사는 조선 2대 정종대왕의 어태御胎가 안치되고, 풍전등화에 놓인 국운을 되살린 사명대사가 출가 득도한 사찰로도 유명하다. 직지사 너머의 김천 지역은 조선 중기부터 말기까지 대구 · 평양 · 전주 · 강경과 더불어 전국 5대 시장에 들었으며, 특히 소를 사고파는 쇠전거리로 유명했다.

동북쪽으로 방향을 틀어 운수봉과 여시골산을 거쳐 괘방령掛榜嶺산장에 도착한다. 괘방령은 영동군 매곡면과 김천시 대항면 경계에 있는 고개다. 이웃한 추풍령을 넘으면 "추풍낙엽처럼 낙방한다"는 속설 때문에 과거를 보러 가던 선비들이 추풍령 대신 괘방령을 넘었다고 한다. 괘방령산장에 도착하니 여주인이 반갑게 맞아준다.

5년 세월 동안 괘방령산장도 일부 변했다. 입구에 '괘방령산장' 표지석이 새로 세워졌고 건물 증축 공사도 했다. 새로 만들어진 방을 배정받은 후 샤워하고 저녁을 먹기 위해 산장에 들어가니 5년 전 필자가 달아놓았던 '카프리', '나사모' 리본이 붙어 있어 반갑다. 그 옆으로 새로운 '카프리

괘방령산장 전경과 표지석. 괘방령은 영동군 매곡면과 김천시 대항면 경계에 있는 고개다.

땅끝종주' 리본을 묶는다.

　괘방령산장은 여주인이 깔끔해서 실내도 청결하다. 주인 부부는 김천시 대항면이 고향인데, 남편의 건강이 나빠지자 한적한 곳에서 살기 위해 건축 경험이 전혀 없는 남편이 이곳에 손수 집을 지었다고 한다. 그런데 산장이 대간길 옆에 있다 보니 물을 얻기 위해 대간 객들이 자주 들렀고, 등산객들이 산장을 해보라는 권유로 대간 객을 받게 되었다고 한다.

　여주인이 정성껏 준비한 저녁을 먹는다. 5년 전처럼 가정식 백반일 줄 알았는데 삼겹살 구이도 함께 나와 술도 한 병 시킨다. 여주인에게 언제쯤 괘방령산장이 생겼느냐고 물으니, 10년 전이라고 한다. 맛나게 저녁을 먹고 방으로 돌아왔는데, 방에 TV가 없어 바로 이부자리를 깔고 초저녁부터 잠을 잔다. 질 좋은 보온재를 사용했는지, 밤새 따뜻하게 몸이 데워져 산행의 피로가 풀렸다.

**제38구간**(땅끝 백두대간 10구간)
괘방령 – 눌의산 – 작점고개/20.2km/9시간 27분

### 가파른 가성산과 반쪽 산 금산

2월 20일, 아침을 먹고 7시 30분부터 산행을 시작한다. 산행코스는 가성산, 장군봉, 눌의산, 추풍령을 거쳐 금산, 사기점고개, 들기산, 작점고개까지이다. 산길에 들어서는데 괘방령산장의 귀여운 강아지가 계속 따라온다. 홀로 산행하는 나를 배웅하는 것 같아 소시지라도 있으면 1개 챙겨주고 싶은 마음이다. 일출을 보며 산을 오르는데 가성산 오름이 만만치 않다. 다섯 번의 가파른 오르막을 올라야 한다.

가성산 정상에는 김천시에서 세운 아담한 정상석이 있다. 어떤 지역의 정상석은 너무 커서 자연과 조화롭지 않은데, 이곳은 적당한 크기여서 보기 좋다. 가성산 내리막은 응달이라 아직 눈이 녹지 않아 미끄러워 아이젠을 차고 조심히 내려간다. 장군봉을 거쳐 힘겹게 눌의산에 오른다. 정상에서 상주 방향으로 많은 산이 보이는데 안개가 끼어 아쉽다. 〈사람과산〉 4월 호에 멋진 사진을 보내려고 하는데, 날씨가 도와주지 않아 걱정이다. 날이 계속 흐리면 오늘은 추풍령까지만 가고, 쾌청할 때 다시 오기로 마음먹었는데, 추풍령으로 가는 동안 안개가 서서히 걷혀 산행을 계속한다.

추풍령은 김천시 봉산면과 영동군 추풍령면 사이에 있는 고개로 해발 221m이다. 조령·죽령과 함께 영남의 3대 고개로, 영남 사람들이 한양 갈 때 주로 이용하던 곳이다. 현재 추풍령엔 경부고속도로, 철도, 4번 국

금산에서 바라본 추풍령. 추풍령은 김천시 봉산면과 영동군 추풍령면 사이에 있는 해발 221m 고개다. 조령, 죽령과 함께 영남의 3대 고개로 영남 사람들이 한양 갈 때 주로 이용하였다.

도가 지나고 있는데 세 곳 모두 동물이동통로를 건설 중이다. 준공되면 지리산 반달곰을 설악산에서도 볼 날이 올 것이다. 추풍령에 도착하여 '추풍령 고개 노래비'와 영동군에서 세운 '이랑타워'에서 사진을 찍는다. 이랑타워는 영동군의 국악, 감, 포도를 홍보하기 위해 영동군에서 세운 조형물이다. 2014년 필자가 백두대간 남진을 할 때, 나사모 산우회 임동진 고문이 노래비 앞에서 '구름도 자고 가는, 바람도 쉬어 가는 추풍령 고개' 노래를 불렀던 기억이 떠올라 슬며시 웃음이 나온다.

   금산을 오르다 배가 고파 등산로에 털썩 주저앉아 점심을 먹는다. 괘방령산장 여주인이 싸준 도시락이 꿀맛이다. 허기를 달랜 뒤 다시 금산을 오른다. 금산은 골재 채취로 파헤쳐져 반쪽 산이 되었다. 반쪽 산에 가슴

2014.5.11. 나사모 산우회 1차 백두대간 추풍령 표지석에서. 좌측부터 박병연·김인식·임동진·문대흥 고문

2019년 12월에 준공된 작점고개 동물이동통로. 현재 추풍령엔 경부고속도로, 철도, 4번 국도가 지나고 있는데 세 곳 모두 동물이동통로가 건설 중이다. 준공되면 지리산 반달곰을 설악산에서도 볼 날이 올 것이다.

아파하며 정상에서 사진을 남긴다. 금산부터 작점고개까지는 산경표의 원리에 의해 추풍령 저수지를 끼고 크게 돌아가는 산길이다. 사기점고개, 들기산을 거쳐 오후 5시에 작점고개에서 산행을 마친다.

택시를 불러 추풍령 정류소에 내려 5시 30분 시외버스를 타고 대전복합터미널에서 내려 저녁을 먹고, 광주행 고속버스에 몸을 싣는다.

### 백두산 천지가 우리 땅으로 돌아온 사연

이번 구간 중 추풍령에서 작점고개까지 직선으로 약 2km이지만, 백두대간길은 '산자분수령'에 의거 빙 돌아 9km나 된다. 빙 도는 사이로 저수지와 금강으로 흐르는 천이 있다. 대표적으로 '산경표' 원리가 적용되는 구간이다. 마침 '산경표'를 검색하다 이종석 전 통일부 장관이 작성한 '북한 - 중국 국경 획정劃定에 관한 연구' 논문이 있어 '백두산 천지가 우리 땅으로 다시 돌아온' 흥미로운 사연을 알게 되었다.

1962년 10월 12일, 북한과 중국은 백두산 천지를 반분하고 압록강과 두만강을 경계로 하는 국경조약을 맺음으로써 1712년 조선과 청이 백두산정계비를 기준으로 불분명하게 국경을 나눈 뒤 수백 년간 지속되어 온 국경분쟁을 종식했다. 결과적으로 북한은 국경 획정으로 여의도의 약 400배의 영토를 확보했을 뿐만 아니라, 한민족의 성산인 백두산의 여러 봉우리와 천지의 절반 이상을 차지하는 등 큰 소득이 있었는데, 이 조약은 양국이 비밀에 부치기로 합의한 관계로 최근에야 전모가 밝혀지고 있다.

조선의 북쪽 경계가 확정된 것은 1712년 숙종 때이다. 청나라 관리 목극동은 조선 관리 박권과 함께 백두산에 올라 해발 2,200m 지점에 국경경계를 나타내는 정계비를 세웠다. 그러나 두만강 물줄기를 잘못 짚어, 백두산 천지를 전부 중국령으로 기재하여 국경 분쟁의 화근을 만들었다. 이후 1909년에 조선을 점령한 일본은 1712년에 세운 백두산정계비 지도대로 백두산 천지와 간도를 청나라에 넘겨주고 대신에 중국 침략의 전초기지인 '만주철도 부설권'을 획득했다.

잘못된 국경 문제가 해결된 것은 1962년이다. 중국 총리 저우언라이(쭈은래)가 비밀리 평양을 방문하여 김일성 주석과 압록강 – 백두산 천지 – 두만강을 경계로 국경을 확정하는 조약을 체결했다. 체결 내용은 압록강 최상류에서 시작하여 백두산 천지를 반으로 가르고, 두만강 상류까지 이어진 총 45km의 백두산 구간을 확정하고 국경 경계 팻말을 세운 것이다.

천지는 반분하기로 하였으나 실제로는 북한 54.5%, 중국 45.5%로 북한에 유리하게 나누어졌으며, 압록강의 큰 섬인 황초평 · 비단섬 · 위화도 등의 큰 섬들이 북한에 유리하게 배분되었다. 이는 1909년 간도협약 때보다 여의도 면적의 400배인 1,200㎢의 영토를 확보한 것이다.

문장대에서 바라본 속리산 능선.
활처럼 휘어진 주능선이 빼어나다.

땅끝에서 통일전망대까지 ⑫ **속리산 구간**

## 산악회 회원과 함께한 화창한 속리산 산행

이번 달은 충북 영동군 작점고개에서 출발한다. 큰재, 신의터재, 화령재 등 상주시 소재 300~400m 구릉지대를 지나, 속리산 천왕봉과 문장대를 넘어 경북 상주시 화북면 늘재에 도착한다.

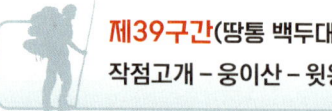

### 제39구간 (땅통 백두대간 11구간)
### 작점고개 – 웅이산 – 윗왕실재/20.1km/7시간 48분

## 농촌 마을과 인접한 백두대간 산행

3월 16일, 광주버스터미널에서 06시 고속버스를 타고 대전복합버스터미널에 내려, 다시 추풍령행 08시 40분 버스를 갈아타고 추풍령터미널에 도착한다. 터미널에서 들머리 작점고개까지는 택시로 이동한다.

작점고개에 도착하니 9시 50분, 출발 4시간여 만에 산행을 시작한다. 산행코스는 용문산, 국수봉, 큰재, 회룡재, 개터재를 거쳐 윗왕실재까지 가는 약 20km 여정이다. 산길에 들어서니 서늘한 바람이 코끝을 스친다. 등산로의 나무들은 아직 나뭇가지가 앙상한데, 일부 나뭇가지 끝자락에는 연두색 잎망울이 조금씩 맺히기 시작했다. 간혹 노란 꽃망울을 터트리고 있는 생강나무도 보인다.

무좌골산과 용문산을 거쳐 용문산기도원 갈림길 안부에 다다른다. 여기서 가파른 오르막을 한 번 더 오르면 웅이산 정상이다. 웅이산은 예전에 국수봉 등 여러 이름으로 불렸는데, 2012년 5월 국가지명위원회에서 웅이산熊耳山(795m)으로 산명을 확정했다. 웅이산 정상에서 조망을 감상하며 도시락을 먹고 산행을 이어간다. 백두대간 생태교육장이 있는 큰재와 회룡재를 거쳐, 산세가 마치 '개들이 모여 있는 것처럼 보인다'는 개터재를 지나 산행 종점인 윗왕실재에 도착한다.

오늘 묵기로 한 민박집에서 윗왕실재까지 차로 픽업을 오기로 했는데, 차가 도착하지 않아 기다리다 마을 쪽으로 내려선다. 한 붉은 벽돌 주택 마당에 장작더미가 쌓여 있고 아주머니가 빨래를 널고 있다. 길가에는 아이들이 자전거를 타며 놀고 있다. 백두대간을 걸으며 이런 평화로운 풍경을 보니 고향에 온 느낌이다. 도착한 민박집 트럭을 타고 상주시 모동면으로 향하는데 창밖 멀리 상판저수지와 백화산(933m)이 보이고, 그 너머로 아름다운 일몰이 펼쳐진다.

민박집에 도착해 샤워 후, 인근 식당에서 삼겹살에 저녁을 먹고 잠자리에 든다. 오늘은 3주 만의 산행이라 산이 고파 '책 읽어주는 라디오'를 듣지 않았다. 대신 숲과 바람 냄새를 맡으며 포근한 산야를 보았다. 봄은 어느덧 우리 곁에 왔다.

### 제40구간 (땅통 백두대간 12구간)
윗왕실재 – 백학산 – 화령재 / 26.5km / 8시간 47분

#### 26km의 장거리 산행과 코로나로 버스 결항

3월 17일, 오늘은 부지런히 걸어야 한다. 산행코스가 백학산·개머리재·지기재·신의터재·윤지미산을 거쳐 화령재까지 가는 26km의 장거리인데다, 산행 후 화령버스터미널에서 16시 35분 대전행 버스를 타야 하기 때문이다. 5시에 일어나 씻고 1층 식당에서 아침을 먹는다. 6시 20분에 트럭으로 윗왕실재로 이동하여 바로 산행을 시작한다.

백학산白鶴山(615m)을 힘들게 오른다. 백학산은 '백학이 날아와 앉은 모습이 마치 설산처럼 하얗다' 하여 붙여진 이름이다. 백학산을 내려오니 평탄한 오솔길이 쭉 이어진다. 떨어진 낙엽을 밟으며 터벅터벅 걷다 보니 어느새 무아지경에 빠져든다. 개머리재, 지기재, 신의터재로 향하는 길에는 포도밭이 많이 보인다. 해발 400~500m인 백두대간 주변이 온난화로 포도 주산지가 되었다. 상주는 쌀·곶감·누에고치의 삼백三白 고장인데, 이제 누에고치 대신 특산품으로 포도를 넣어야 할 것 같다. 신의터재 근처에서 점심을 먹고 바삐 걷는다.

윤지미산(538m)을 오르는 길도 쉽지 않다. 윤지미산은 이름이 특이한데,

백두대간 지기재 전경

일설에 의하면 『사서삼경』 중 『서경』의 윤집궐중允執厥中에서 유래했다고 한다. '진실로 그 중심을 잡으라'는 뜻이다. '윤집산 – 윤지비산 – 윤지미산으로 자음변화를 거쳤다'고 한다.

날머리에서 버스터미널까지 택시를 이용할 계획이어서 윤지미산 정상에서 콜택시를 부른다. 전화해 보니 16시 35분 버스가 코로나로 결항하고 18시 버스 편만 있다고 한다. 4시 10분, 날머리 화령재에 도착하여 택시를 이용해 터미널로 이동 후 목욕하고 여유롭게 저녁을 먹는다.

18시 버스를 타고 19시 40분에 대전복합터미널에 도착하니 22시 심야버스밖에 없다. 코로나로 고속버스 결항 편이 많아진 탓이다. 22시 버스를 예약하고, 터미널 2층의 영풍문고에 올라가 〈좋은 생각〉 4월 호를 보며 시간을 보낸다. 조경란 소설가의 '긴 호흡'이라는 글을 읽었는데, '좋은 글을 쓰기 위해서는 많이 읽고, 많이 써보는 방법밖에 없다'는 이야기가 담겼다. 광주 집에 도착하니 자정이 훌쩍 넘었다.

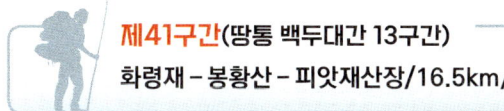

**제41구간**(땅끝 백두대간 13구간)
화령재 – 봉황산 – 피앗재산장/16.5km/6시간 34분

### 포근한 고향 같은 피앗재산장

3월 28일, 오늘 산행 인원은 세 명이다. 동행한 박병연, 박상두 고문은 필자와 10년 넘게 같은 산악회(나사모 산우회)에서 함께 활동한 선배들이다. 06시 10분에 광주버스터미널에서 고속버스를 타고 유성으로 향한다. 코로나로 대전복합터미널행 고속버스가 결항되었기 때문이다. 유성에 내려 택시로 대전복합터미널로 이동한다. 09시 10분 보은행 시외버스를 타고 보은터미널에 도착한다.

보은터미널에 '피앗재산장' 산장지기가 마중 나왔다. 산행 후 피앗재산장에서 묵을 계획이기에 들머리까지 픽업을 부탁했다. 5년 만에 만난 산장지기에게 "예전에는 수염을 기르지 않았나요?"라고 물으니, "초등학교 방과 후 바둑 수업 때문에 수염을 밀었다"고 한다. 바둑이 '아마추어 5단'이라고 한다. 산장지기의 차를 타고 들머리인 상주시 화서면 화령재로 이동해 산행을 시작한다.

오늘 산행은 봉황산, 비조령, 조망바위, 못재, 갈령 삼거리, 형제봉, 피앗재를 거쳐 민박집이 있는 만수리로 하산한다. 대간길에는 연분홍 진달래가 우리를 반긴다. 어제 오전까지 비가 내려 공기도 상큼하고 살랑살랑 바람도 분다. 동행자가 있어 콧노래가 절로 나온다. 힘들게 산불감시초소에 올라 점심을 먹으며 초소 근무자에게 한라봉 1개를 건넨다.

힘들게 봉황산(740.8m)을 오른다. 봉황산은 1,300여 년 전 이곳에 봉황새가 날아들어 30년을 살았다는 전설에서 이름이 유래됐다. 정상석이 알을 품고 있는 암탉의 모습을 닮았다. 정상을 떠나 팔음지맥 분기점을 거쳐 비조령으로 내려간다. 비조령에서 500m봉까지 가파른 오르막이 이어진

봉황산 진달래 산행
등산로 곳곳에서 봄이 느껴진다

형제봉에서 휴식을 취하는 나사모 박병연·박상두 고문.
땅끝종주 속리산 구간 응원 산행을 함께했다.

다. 구병산이 잘 보이는 조망바위와 지렁이 자손 견훤이 목욕했다는 못재 그리고 갈령 삼거리를 거쳐 형제봉(832m)에 오른다. 형제봉은 속리산 천왕봉의 특급 조망처다. 필자는 정신없이 사진을 찍고, 두 고문은 정상석 옆에 앉아 담소를 나눈다.

피앗재에서 왼쪽으로 내려가 보은군 속리산면 만수리 피앗재산장에 도착하니 오후 5시 30분이다. 피앗재산장 부부는 영호남 출신으로 남편은 경산, 부인은 고흥 출신이다. 박상두 고문이 동향이라며 주인 내외에게 반가운 인사를 건넨다. 산장 앞의 마루에 앉아 하산주로 막걸리를 마시며 노란 산수유나무 너머로 속리산 천왕봉을 본다.

5년 전 홀로 대간종주할 때, 주인과 함께 반겨주었던 백구도 여전히 산장을 지키고 있다. 그사이 백구는 황구를 낳았는데 황구의 덩치가 어미만 하다. 개는 우리가 주인집 손님이라는 것을 아는지 전혀 짖지 않고 반갑다고 꼬리를 친다. 애완견을 세 마리나 기르는 박병연 고문은 "개가 말을 못 해 그렇지, 눈치는 빤하다"고 말한다. 주문한 백숙이 나와 소주잔

5년 만에 다시 찾은 피앗재산장에서 하산주를 마신다. 산장 앞 산수유나무 너머로 멀리 속리산 천왕봉이 보인다.

을 기울이며 맛나게 저녁을 먹는다. 깊은 산골은 산사람에게 포근한 고향 같다.

**제42구간**(땅통 백두대간 14구간)
피앗재산장 – 속리산 천왕봉 – 늘재/19km/9시간 3분

### 주능선이 활처럼 휘어진 속리산

3월 29일, 5시에 일어나 아침을 먹고 6시 20분 산행을 시작한다. '보은'은 고려 때까지 보령이라 했으나, 조선 태종 6년(1401) 충청남도 보령과의 혼동을 피하기 위해 보은報恩으로 이름을 바꿨다고 한다.

산행코스는 피앗재, 속리산 천왕봉, 비로봉, 신선대, 문장대, 밤티재, 696.2봉을 거쳐 늘재까지다. 피앗재를 지날 무렵, 부부 백두대간을 진행하고 있는 김대석·김미라 부부에게 전화가 온다. 속리산 구간만 남겨놓고 있는 부부는 조금 뒤 7시 10분부터 갈령에서 산행을 시작한다고 한다.

오늘도 조망이 좋다. 아침 햇살이 산줄기를 환하게 비추고, 근육질이 드러난 산등성이가 20대 초반의 탄탄한 몸매를 자랑한다. 특히 울퉁불퉁한 구병산이 보기 좋다. 산길에는 새싹이 파릇파릇 돋아나고 있다. '봄'의 어원인 '보다(見)'에서 알 수 있듯이 봄은 '희망'이다. 영어의 'Spring' 또한 '샘솟다, 싹트다, 용수철'의 의미가 있다. 봄의 기운으로 코로나도 스프링처럼 폴짝 뛰어 지나가 버렸으면 좋겠다.

725봉을 거쳐 속리산 천왕봉(1,058m)까지 힘든 산행을 진행한다. 속리산俗離山이라는 산명은 신라 철학자 최치원이 "도道는 사람을 멀리하지 않으나 사람이 이를 멀리하고(道不遠人 人道遠), 산은 세속을 떠나지 않는데 세속이 산을 떠나네(山不離俗 俗離山)"라고 읊은 데서 유래했다.

속리산 천왕봉에서 인증사진을 찍는다. 속리산의 1등 삼각점과 8개의 봉우리가 활처럼 휘어진 주능선도 본다. 천왕봉은 삼파수三派水로 유명하다. 이를테면 천왕봉에 떨어진 빗방울은 동쪽으로 흘러내리면 낙동강, 남쪽으로 흘러내리면 금강, 법주사 방향인 서북쪽으로 흘러내리면 한강이 된다.

상고석문, 비로봉을 거쳐 입석대 사진을 찍기 위해 조망처를 찾아다니다 보니 김대석·김미라 부부가 나를 추월하여 신선대 휴게소에 먼저 도착했다는 연락을 받는다. 뒤늦게 도착한 신선대 휴게소에서 부부와 함께 점심을 먹는다. 박병연 고문과 박상두 고문은 식사를 끝내고 먼저 길을 나선다.

### 부부 백두대간 속리산 졸업 산행

문장대(1,054m)에 올라 법주사 쪽을 바라본다. 법주사는 신라 진흥왕 14년(553) 의신조사가 처음 창건했다. 천축으로 구법여행을 갔다 돌아온 의신조사는 흰 나귀에 불경을 싣고 절 지을 터를 찾아다녔는데, 지금의 법주사 터에 이르자 나귀가 더 가지 않고 제자리를 맴돌았다고 한다. 의신조사가 그곳에 절을 짓고 부처님의 법이 머문다는 뜻에서 사명을 법주사法住寺라 정했다.

문장대를 내려와 표지석에서 부

문장대. 김대석·김미라 부부는 속리산 구간을 끝으로 '부부 백두대간 완주'를 마쳤다.

다양한 기암괴석이 많았던
속리산 산행

바위 사이로 로프를 타고
오르는 김미라 씨

부와 사진을 찍고 기묘한 암릉, 밤티재를 거쳐 힘들게 696.2봉에 오른다. 걸어온 속리산 주능선을 되돌아보니 땀 흘리며 걸어온 길이어서 마음이 더 뿌듯하다. 10여 분간 신발까지 벗고 편안하게 휴식을 취한 후, 늘재에서 산행을 마친다. 늘재는 '길게 늘어진 고개'라는 뜻이다.

 화북면 소재지 마트에서 하산 막걸리를 마신다. 운전 때문에 하산주를 마시지 못하는 김대석 회원에게 미안한 마음이 든다. 광주까지 차를 몰고

속리산 전망대에서 달콤한 휴식을 즐기는 나사모 회원들.
파란 하늘과 새하얀 뭉게구름이 아름답다.

가는데, 김대석 회원과 갑장인 나사모 친구들이 우리 모두를 저녁 식사에 초대해서 10여 명이 즐거운 뒤풀이를 한다.

  속리산 구간을 끝으로 김대석·김미라 부부는 '부부 백두대간 완주'를 마쳤다. 기쁜 마음으로 축하를 전한다. 또한 땅끝종주 속리산 구간 응원 산행을 함께해 준 박병연·박상두 두 고문께도 감사의 말씀을 드린다. 함께 보고 느꼈던 시원한 날씨와 하얗게 떠 있던 뭉게구름 그리고 기묘한 암릉이 지금도 아른거린다.

땅끝에서 통일전망대까지 ⑬ **대야산·희양산 구간**

## 강풍 속에 대야산과 희양산을 넘다

속리산은 1970년 3월 국립공원으로 지정되었다.
이후 1984년 당시 도립공원이던 괴산군 화양동구곡과 선유동구곡, 쌍곡지역 등 168㎢가 추가돼 현재의 274㎢라는 넓은 면적이 되었다.
이번 달은 속리산국립공원에 속하는 경북 상주시 화북면 늘재에서 출발한다.
3일간 시속 30km 강풍이 불었지만, 남성적 야성미가 물씬 풍기는 대야산과 희양산을 넘어, 충북 괴산군과 경북 문경시의 경계를 이루는 이화령 고개에 도착한다.

**제43구간**(땅통 백두대간 15구간)
늘재 – 대야산 – 버리미기재/18.7km/10시간 40분

### 남성적 매력의 대야산

봄만 되면 겪게 되는 미세먼지가 올해는 잠잠하다. 코로나의 역설일까? '세계의 굴뚝'이라 불리는 중국의 공장 가동과 우리나라 차량 이동이

대야산에서 바라본 희양산
최치원이 지은 봉암사(鳳巖寺 879년) 지증대사 도헌의 비문에는
희양산 산세에 대해 '갑옷을 입은 기사가
앞으로 내달리는 듯한 형상'이라 적혀 있다

줄었기 때문일 것이다. 6월 호 원고를 쓰다 산책로에서 깨끗한 밤하늘을 쳐다보니 별이 쏟아질 듯 반짝인다. 오랜만에 북두칠성도 찾아본다.

4월 21일, 이번 구간은 광주광역시에 사는 산친구(山友) 문형래(새시로)와 함께한다. 광주에서 5시에 출발해 고속도로를 타고 화서 IC를 지나 상주시 화령(화서면 소재지)으로 간다. 화령에서 아침 식사를 하고 8시 30분경 늘재에서 산행을 시작한다. 산행코스는 청화산~갓바위재~조항산~고모치~

밀재~대야산~촛대봉~블란치재~곰넘이봉을 거쳐 버리미기재까지 가는 여정이다. 오늘 타는 능선에서 왼쪽은 괴산군, 오른쪽은 문경시이다.

괴산槐山군의 '괴'는 '느티나무'를 의미하며, 괴산의 군목郡木은 느티나무다. 신라 진평왕 28년(606) 장수 찬덕은 가잠성에서 백제군에게 100일 동안 공격을 받아 성이 완전히 고립되었으나, 찬덕은 항복하지 않고 성안의 느티나무에 머리를 들이받고 자결하였다. 후에 신라 태종 무열왕(김춘추)은 찬덕 장군의 뜻을 기리기 위해 '가잠성'을 '괴양'이라 부르게 되었고, 괴양은 조선 태종(1413) 때 괴산군이 되었다.

일기예보를 보니 오늘은 시속 30km 강풍이 분다고 한다. 정국기원단 조망처에서 속리산 주능선 사진을 찍는데, 모자가 바람에 날아갈 것 같아 벗어서 바지 주머니에 넣는다. 청화산에 올라 형래와 서로 인증사진을 찍어준다. 형래는 2018년 9월에 블랙야크 100대 명산을 마쳤고, 다시 두 번째 100대 명산을 진행 중이다. 갓바위재까지 함께 산행 후 밀재에서 다시 만나기로 하고 나는 백두대간 조항산으로, 형래는 차량 회수를 위해 다시 늘재로 간다.

3주 만의 산행이라 대간길이 설렌다. 연분홍 진달래가 반겨준다. 땅통종주는 나를 찾는 소중한 시간이다. 홀로 진달래 길을 걸으며 잔잔한 상념에 빠져본다.

괴산 청천면 삼송리 의상저수지와 속리산 주능선, 괴산 35명산을 배경으로 사진을 찍다 보니 자연스레 발걸음이 느려진다. 새의 목을 닮았다는 조항산鳥項山(951m)을 넘어 고모치에서 점심을 먹는다. 마귀할멈통시바위는 대간길에서 벗어나 있다. 조망처(899봉)에 올라 통시바위 사진을 찍는다. '통시'는 '변소'의 경상도 사투리다.

밀재에서 형래를 만나 대야산에 함께 오른다. 조선 중기까지 선유산仙遊山이라 불린 대야산은 '홍수가 났을 때 봉우리가 대야만큼 남았다'고 한

아직 신록이 올라오지 않은 조항산과
분홍빛 진달래

대문바위를 지나는 문형래 씨
필자와같은 광주에 사는 문형래 씨는
오랜 산친구(山友)이다

2부 지리산에서 이화령까지

대야산 정상으로 향하는 길.
대야산 정상부는 나무 데크로 등산로가
잘 정리되어 있다.

미륵바위에서 바라본 대야산.
암릉이 멋진 대야산 산줄기는
남성미가 넘친다.

데서 산 이름이 유래하였다. 형래를 모델로 사진을 찍는다. 산만 찍으면 삭막한데, 오늘은 듬직한 산친구가 앵글에 함께 잡히니 훈훈하다. 형래는 밀재로 돌아가고, 나는 계속해서 산행을 진행한다. 홀로 80m에 달하는 수직절벽 구간을 밧줄에 의지해 힘들게 내려와 촛대봉과 미륵바위에서 대야산의 남성미 넘치는 강한 산줄기를 바라본다.

촛대봉, 블란치재, 미륵바위, 곰넘이봉을 거쳐 저녁 7시쯤 922번 지방도로의 버리미기재에 도착한다. 버리미기재는 '빌어 먹이다'의 경상도 사투리인데, 손바닥만 한 밭떼기로 화전을 일궈 빌어 먹이던 곳이라는 뜻을 가진다. 밀재에서 예전 탄광촌이었던 문경시 가은읍으로 이동한다. 가은은 후백제왕 견훤이 태어난 곳이다. 역사책에 견훤을 상주 출신이라고 한 것은 당시 가은이 상주에 속했기 때문이다. 가은읍에 숙소(모텔)를 잡고 삼겹살과 소주로 정담을 나눈다. 오늘 환희 속에 걸었던 대야산의 강렬했던 산행이 나의 눈꺼풀을 스르르 감기게 한다.

**제44구간**(땅통 백두대간 16구간)
버리미기재 - 희양산 - 은티마을/18.3km/11시간 8분

### 좀처럼 도와주지 않는 희양산의 하늘

4월 22일, 6시에 가은읍 편의점에서 간단히 아침을 먹고 922번 지방도로를 타고 들머리인 버리미기재로 향한다. 가다 보니 멀리 하얗고 웅장한 암릉미를 뽐내는 희양산이 보인다. 형래는 버리미기재에 나를 내려주고 두 번째 100대 명산 산행을 위해 구병산과 칠보산으로 떠난다. 형래는 몇 년 전 희양산 남쪽 능선 산행 경험이 있다고 한다.

오늘 산행은 장성봉에 오른 뒤 악휘봉 갈림길을 한 바퀴 돌아 희양산을 거쳐 은티마을로 하산하는 코스다. 등산로 옆 막장봉 암릉이 웅장하다.

장성봉을 세 번째 오르는데도 생소한 곳이 많다. 악휘봉 갈림길을 지나 점심을 먹고, 은티재로 내려가는데 갑자기 싸라기눈이 내린다.

4월에 눈이라니, 요즘 날씨가 겨울과 봄을 들락날락한다. 걷다가 수시로 핸드폰으로 기상청에 들어가 실시간 인공위성 구름 영상을 확인한다. 혹여 날씨가 좋지 않아 구왕봉에서 희양산 사진을 찍지 못할까 봐 조바심이 난다. 하늘을 올려다보니 구름이 몰려왔다 개었다 반복한다. 일자로 쭉쭉 뻗은 화백나무의 연초록 잎사귀를 감상하며 주치봉을 오른다.

호리골고개를 거쳐 구왕봉에 오른다. 구왕봉은 봉암사를 세우기 위해 지증대사가 연못을 메울 때 쫓겨난 아홉 마리 용龍에서 산 이름이 유래했다고 한다. 구왕봉 정상을 조금 지나면 희양산 조망터가 있다. 날이 좋지 않아 조망터에서 30분 동안 하늘이 맑아지길 기다리며 희양산을 바라본다. 최치원이 지은 봉암사鳳巖寺(879) 지증대사 도헌 비문에는 희양산의 산세에 대해 '갑옷을 입은 기사가 앞으로 내달리는 듯한 형상'이라고 쓰여 있다.

구왕봉에서 지름티재까지 밧줄을 잡고 내려오니 어깨가 뻐근하다. 내려오는 도중 또다시 싸라기눈이 내린다. 날씨가 좋지 않아 바로 은티마을로 하산하려고 마음먹었는데, 지름티재에 내려서자 하늘이 다시 맑아진다. 이 순간을 놓칠 수 없어 서둘러 밧줄을 잡고 힘겹게 희양산 고개를 오른다.

희양산 정상에 도착하자 시간당 30km의 강풍이 불고 있다. 카메라가 바람에 흔들리고 먹구름이 가득해 사진 찍기가 곤란할 정도다. 겨울 재킷을 입고 버프로 얼굴을 감싸면서 30여 분간 희양산 암릉을 이리저리 왔다 갔다 하며 사진을 찍는다. 고군분투하다 날씨가 좋아질 기미가 없어 산성터를 거쳐 은티마을로 하산한다. 은티마을에 도착하니 놀부의 고약한 심보인지 그제야 희양산 쪽 하늘이 맑아진다.

주치봉 오르는 길에 만난 화백나무 군락.
일자로 쭉쭉 뻗은 화백나무의 연초록 잎사귀들이
눈과 마음을 정화시킨다.

구왕봉 조망터에서 바라본 희양산.
새하얗게 빛나는 화강암봉이 아름답다.

5년 전 홀로 백두대간을 걸을 때 나 사모 회원 지강우·정옥주 부부, 변찬섭 산우와 숙박했던 대간인들의 휴식처 은티산장은 산장지기 할머니가 노쇠하여 이제 산장 문을 열지 않는다. 은티주막 인근 주차장에서 기다리는 형래를 만나 괴산군 연풍면 행촌리 면소재지로 간다. 숙소(모텔)를 정하고 저녁을 먹는다. 긴 하루를 마무리 지으며 동행한 산우, 따스한 아내와 어려운 시기에 취업한 아들딸 그리고 새 생명을 잉태한 며느리에게 고마운 마음이 든다.

백두대간 은티산장. 현재 은티산장은 산장지기 할머니가 노쇠하여 문을 닫았다.

**제45구간**(땅통 백두대간 17구간)
은티마을 - 백화산 - 이화령/21.7km/10시간 21분

### 사진을 위해 희양산에 다시 오르다

4월 23일, 5시에 여명이 튼다. 어제 저녁을 먹었던 식당에서 아침으로 콩나물국밥을 먹고 산행을 시작하기 전 잠시 연풍초등학교에 들른다. 단원 김홍도가 만 3년간 연풍현감(1791~1795)으로 있던 풍악헌이라는 동헌이 교내에 있기 때문이다. 김홍도는 조선 왕 정조의 초상을 그리는 작업에 참여해 그 상으로 충청도 연풍현감에 제수되면서 중인 신분으로는 최고 직책에 올랐다.

짧은 역사탐방을 마치고 연풍면 주진리 은티마을로 이동하여 산행을 시작한다. 산행코스는 배너미평전~시루봉 갈림길~이만봉~곰틀봉~사

김홍도가 현감을 지낸 연풍현 동헌 풍락헌

다리재~뇌정산 갈림길~평전치~백화산~황학산~조봉을 거쳐 이화령까지다. 산성 터에 오르니 어제보다 조망이 훨씬 좋다. 희양산은 다시 오기 힘들기 때문에 사진을 위해 산성터에서 희양산을 다시 오르기로 한다.

희양산 정상에 심한 강풍이 불지만 40여 분간 정신없이 사진을 찍는다. 다시 산성터로 내려와 이만봉으로 향한다. 오전 11시경 강풍을 피할 수 있는 이만봉 은신처에서 도시락으로 점심을 먹는다. 영양 보충을 위해 가져온 참치 통조림을 김치와 함께 먹는다.

식사를 마치고 이만봉 조망터에 올라 새하얀 희양산과 이화령 너머로 보이는 다음 구간인 조령산, 주흘산, 부봉, 월악산 사진을 찍는다. 마치 한 편의 자연 오페라를 보고 있는 듯하다. 사다리재~뇌정산 갈림길~평전치를 거쳐 백화산을 오르는 길에는 활짝 핀 노란 양지꽃이 지천이다.

희양산 촛대바위.
80m에 달하는 수직 절벽 구간을 지나야 촛대봉과 미륵바위를 가까이에서 감상할 수 있다.

### 나만의 고독을 즐기는 시간

빌 게이츠는 매년 두 차례 짐을 꾸려 홀로 호숫가 통나무집으로 가서 2주일 동안 자신만의 생각에 몰입하는 시간을 갖는다. 현대인에게는 때로 홀로 있는 시간이 필요하다. 그런 점에서 땅끝종주는 빛의 속도로 변화하는 세상 속에서 나만의 생각을 정리할 수 있는 귀중한 시간이다.

백화산白華山(1,063.5m) 바위 조망터에 앉는다. 백화산을 꼭짓점으로 주위로 백두대간 산 너울이 둥글게 물결친다. 황학산~조봉을 거쳐 이화령梨花嶺(548m)으로 하산하며 3일간의 산행을 마무리한다. 이화령은 옛날에 고개가 너무 가파르고 험하여 '여러 사람이 어울려 고개를 넘어갔다'는 의미로 '이유릿재'라 불렀으나, 그 후 주위에 배나무가 많아 이화령이라 불리게 되었다.

이화령에서 3일간의 산행을 마무리한 문형래(왼쪽) 씨와 필자

# 기쁨
### 내가 걷는 백두대간 152

살아갈수록 버릴 것이 많아진다
예전에 잘 간직했던 것들을 버리게 된다
하나씩 둘씩 또는 한꺼번에
버려가는 일이 개운하다
내 마음의 쓰레기도 그때 그때
산에 들어가면 모두 사라진다
버리고 사라지는 것들이 있던 자리에
살며시 들어와 앉은 이 기쁨!

- 이성부 시집 『작은 산이 큰 산을 가린다』 중에서

『작은 산이 큰 산을 가린다』는 이성부 시인이
1990년대 중반부터 한 달에 한두 번 정도 주말을 이용하여
8년 동안 백두대간을 종주하면서 쓴 168편의 시집이다.
1942년 광주에서 출생한 시인은 경희대 국문학과를 졸업하고
한국일보 기자로 근무했다. 2012년 타계했다.

# 3부
## 이화령에서 통일전망대까지

포암산에서 바라본 월악산과 충주호

땅끝에서 통일전망대까지 ⑭ **문경새재 구간**

# 영남대로의 관문, 문경새재를 넘다!

이번 달 땅통종주는 영남대로를 지난다. 조선시대에 한양을 중심으로 온 나라를 잇는 길을 만들었는데, 영남대로는 이 길 중 하나로 동래와 한양을 이었다. 서울과 부산을 잇는 지금의 경부고속도로가 428km인 것과 견주어보면, 380km밖에 되지 않았던 영남대로는 꽤 과학적인 길이었다.

## 제46구간 (땅끝 백두대간 18구간)
이화령 – 조령산 – 하늘재/19.3km/10시간 05분

### 중학 동창과 우정 산행

5월 11일, 광주송정역에서 05시 30분 KTX를 타고 오송역으로 간다. 6시 30분에 오송역에 도착해 대합실에서 친구들을 만난다. 서울에서 온 오향란, 박윤숙, 천안에서 온 김종명은 시골 중학교 동창이다. 반갑게 인사를 나누고 종명이 차로 날머리인 하늘재로 이동한다. 하늘재에 주차하고 택시를 타고 들머리 이화령으로 이동하여 오전 9시 30분경 산행을 시작한다. 조령산~신선암봉~조령 제3관문~마패봉을 거쳐 하늘재까지 가는 19km 코스다.

이화령에서 조령산까지 이어지는 가파른 오르막에서 향란이가 매우 힘들어한다. 향란이 배낭 속 무거운 짐을 꺼내 내 배낭으로 옮기고 산행을 이어간다. 조령산 정상에서 사진을 찍고, 신선암봉에서 유유자적 점심을 먹는다. 식사 후, 928봉을 오르는데 거친 암릉이 발걸음을 더디게 한다. 밧줄을 타고 오르는 구간에서는 종명이가 여자 동창들에게 발 디딜 곳을 알려주고, 나는 뒤에서 사진을 찍는다. 암릉을 조심스레 넘어가던 윤숙이가 "우리나 되니 이렇게 넘지, 보통 여자 같으면 어림도 없어!"라고 한마디 던진다. 모두 입가에 웃음이 번진다.

힘겹게 조령산 928봉을 오르는 고향 친구. 거친 암릉이 발걸음을 더디게 한다.

이화령에서 조령산까지 이어지는
가파른 오르막 끝에 문경새재 928봉에 올랐다.
활짝 웃는 고향 친구들

앞서거니 뒤서거니 오래만에 친구들과
많은 얘기를 나눌 수 있었던 포암산 산행

조령 제3관문에 도착하니 벌써 오후 4시다. 고된 산행으로 윤숙이와 향란이가 많이 힘들어해 종명이가 윤숙이, 향란이와 먼저 하산하여 택시로 하늘재까지 가고, 나는 산행을 이어가기로 한다. 친구들을 보내고 홀로 암행어사 박문수가 마패를 걸어놓았다는 마패봉을 힘들게 오른다. 오후 7시 30분에서야 하늘재에 도착한다. 종명이 차로 숙소가 있는 단양읍으로 이동한다. 저녁을 먹으며 다 같이 다음 일정을 상의한다. 내일은 무리하지 말고 잠을 충분히 잔 뒤 여유롭게 출발하기로 한다.

백두대간 하늘재. 조령산~신선암봉~조령 제3관문~마패봉을 거쳐 하늘재에 도착했다.

다음 날 아침 8시 30분에 아침을 먹고, 커피를 마시며 산책을 한다. 휴식을 마치고 10시경에 차로 하늘재까지 이동 후, 포암산布岩山(962m)을 오른다. 하늘재에서 포암산까지 왕복하는 3.3km 힐링 산행이다. 오후 2시쯤 산행을 마치고 문경읍으로 이동하여 늦은 점심을 먹고 오송역으로 간다. 이틀 동안 계획했던 산행을 비록 반밖에 진행하지 못했지만, 고향 친구들과 땀 흘리며 추억을 나누는 즐거운 시간이었다.

### 제47구간 (땅통 백두대간 19구간)
하늘재 – 대미산 – 작은차갓재/24km/10시간 57분

## 홀로 포암산과 대미산을 넘다

5월 20일, 새벽 05시 30분 광주 송정역에서 KTX를 탄다. 6시 30분에 오송역에 내려 06시 40분 무궁화호 열차로 갈아타고 7시 40분 충주역에

도착한다. 택시로 들머리인 충주시 상모면 미륵리에 도착하여 8시 30분부터 산행을 시작한다. 광주 집에서 들머리까지 딱 3시간 걸렸다. 말 그대로 초고속 시대다.

산행코스는 하늘재~포암산~마골치~대미산~작은차갓재를 거쳐 안생달마을까지다. 들머리 근처의 미륵세계사에 들러 석불입상을 보려고 하였는데, 공사 중이라 포장이 둘러쳐져 있다. 아쉬움을 뒤로하고 하늘재를 향해 오른다. 어제 내린 비로 계곡물 소리가 우렁차다. 소나무가 우거진 1.8km 흙길을 사색하며 걷다 보니 어느새 하늘재다.

하늘재에서 10일 전 고향 친구 세 명과 함께 올랐던 포암산에 다시 오른다. 옛날에는 이 산을 '베바우산'이라고 하였는데, 반듯한 암벽이 키대로 늘어서 있어 거대한 베 조각을 이어 붙여놓은 것 같다 하여 붙여진 이

884봉에서 주흘산을 바라보며 점심 식사. 조망이 환상적이다.

름이다. 포암산 정상에서 월악산 영봉과 충주호를 배경으로 사진을 찍는다. 그림 같은 풍경에 넋을 놓고 감상한다. 정상을 떠나 관음재와 마골치를 거쳐 884봉에 오른다. 조망이 좋은 평평한 곳에 돗자리를 펴고 점심을 먹는다. 푸른 주흘산이 집 앞 정원처럼 느껴진다.

꾀꼬리봉 갈림길~부리기재를 지나 대미산大美山(1,115m)으로 향한다. 대미산 정상 직전의 바위 조망터에 잠시 들러 땀을 식힌다. 어느덧 오후 5시가 되어 해는 서편 하늘에 걸려 있다. 서쪽 산 너울을 따라가 보니 둥근 속리산 천왕봉이 보인다. 이 먼 거리를 한 걸음 한 걸음 내디뎌 여기까지 왔다고 생각하니 가슴 뿌듯하다.

대미산 정상을 떠나 하산을 시작한다. 내리막에 키 큰 낙엽송이 많이 쓰러져 길을 막고 있다. 문수봉 갈림길을 지나 '백두대간 중간표지석'에

**대미산 조망바위에서 바라본 속리산 천왕봉**

도착했는데, 표지석에 '천왕봉부터 진부령까지 734.65km, 백두대간 중간지점은 367.325km'라고 쓰여 있다. 작은차갓재를 거쳐 오후 7시가 넘어 황장산 민박집에 도착한다.

성남시에서 홀로 온 백두대간 등산객, 민박집 부부와 함께 저녁 식사를 한다. 성남 등산객은 오늘 하늘재에서 벌재까지 탔고, 내일은 새벽 5시에 출발하여 벌재에서 죽령까지 간다고 한다. 산을 탄 피로감으로 일찍 각자 방으로 간다. 이틀 밤을 여기서 묵을 계획이다.

**제48구간**(땅뚱 백두대간 20구간)
작은차갓재 – 황장산 – 저수령/14.1km/9시간 17분

### 암릉 길이 매력적인 100대 명산 황장산

5월 21일, 6시에 일어나 아침을 먹고 배낭을 메고 나오는데 민박집에서 키우는 애완견이 귀여워 견종을 물으니 양 떼를 모는 '웰시코기'라고 한다. 민박집 아저씨에게 허락을 받고 개집 문을 여니 강아지가 마당을 폴짝폴짝 뛰며 재롱부린다. 이 모습을 한참 지켜보다 7시 30분 산행을 시작한다. 오늘 코스는 황장산~벌재~문복대를 거쳐 저수령까지 가는 14km다.

작은차갓재를 거쳐 황장산 맷등바위에 오르니 좋은 조망이 펼쳐진다. 월악산, 도락산, 소백산, 대미산을 보며 사진을 찍는다. 이 산을 황장산黃腸山이라 부르게 된 것은 춘양목과 쌍벽을 이루는 황장목이 많이 나기 때문이다. 나무의 속이 노랗다 해서 이름 붙은 황장목은 목재의 균열이 적고 단단해 임금의 관槨이나 대궐을 짓는 데 많이 쓰였다고 한다.

감투봉, 황장재를 거쳐 폐백이재까지는 암릉 길 연속이다. 선바위 · 치마바위 · 책바위를 지나며 우뚝 솟은 공덕산(912.9m)과 천주봉(839m)을 바라

이틀간 머물렀던 황장산 민박.
오랜만에 훈훈한 고향의 정을 느꼈다.

보며 도시락을 먹은 후, 폐백이재를 거쳐 동물이동통로가 있는 벌재(590m)에 도착한다. 문복대門福臺(1,074m)로 오르는 길에는 쭉쭉 뻗은 낙엽송에서 연한 새잎이 나고 있다. 나무 아래에는 키 작은 풀들이 초록 양탄자를 깔아놓은 듯하고, 길가에는 애기나리 야생화가 지천으로 피어 있다.

약속대로 문복대에서 민박집 아저씨께 전화한다. 저수령低首領(850m)에서 민박집 차를 만나 마트에 들러 내일 먹을 간식용 빵을 산다. 2차선 도로를 타고 가는데 오미자 밭이 보인다. 달콤하고, 맵고, 쓰고, 시고, 짭짤한 다섯 가지 맛이 난다는 오미자五味子는 문경시 동로면이 전국 오미자 생산량의 40%를 차지하고 있다.

민박집에 도착해 씻고 부부와 함께 저녁을 먹는다. 식사 후, 안생달마

황장산 책바위 너머로 멀리 천주봉과
공덕산(좌측부터)이 보인다.

을로 마실을 간다. 해 질 녘 시골 마을이 정겹다. 새로 지은 단독주택이 많은데, 60세를 넘긴 은퇴자들이 귀향을 많이 했기 때문이라고 한다. 민박집 아주머니가 세탁기로 빨아준 옷을 챙기고, 내일 새벽 산행을 위해 일찍 잠자리에 든다.

 **제49구간(땅통 백두대간 21구간)**
저수령 – 도솔봉 – 죽령/20.6km/10시간 18분

## 우중 속 야생화 산행

5월 22일, 4시에 아주머니가 아침을 준비하는 달그락 소리에 일어나

씻고 배낭을 꾸린다. 배낭에는 아주머니가 챙겨준 오미자 음료가 4포 들어 있다. 10포를 줬는데 무겁다고 4포만 챙긴 것이다. 단양역에서 오송역으로 가는 17시 20분 열차를 예약했기 때문에 서둘러야 한다. 아침을 먹고 5시에 민박집 차로 출발하려고 하는데 아주머니도 따라가겠다고 한다. 두 분은 70대 초반으로 부부가 같이 움직이는 것이 보기 좋다.

저수령에서 작별인사를 하고, 5시 50분에 산행을 시작한다. 산행코스는 저수령~흙목정상~솔봉~묘적봉~도솔봉을 거쳐 죽령까지 가는 20km다. 산행 시작부터 이슬비가 내리는데 우비를 입자니 더울 것 같아 그냥 비를 맞으며 걷는다. 비가 내려 주변 조망은 없지만, 발밑을 내려다 보고 걸으니 야생화가 많이 보인다. 미나리냉이, 애기나리 군락지를 지난다. 빨간 쥐오줌풀도 예쁘다. 둥글레 잎사귀 뒤편에는 하얀 꽃자루가 앙증맞게 달려 있다.

비가 계속 내려 물방울이 나뭇잎을 타고 흐른다. 길을 막고 있는 나뭇가지를 손으로 헤치며 "나무야, 내가 언제 이 길을 또 올 수 있을지 모르겠구나. 잘 지내라!"라고 말을 건넨다.

다행히 비가 거의 그쳐 뱀재와 솔봉(1,102m)을 지나 나무 벤치가 있는 곳에서 점심을 먹는다. 배낭에서 재킷을 꺼내 입고 밥을 먹는데 몸이 으슬으슬 춥다. 저체온증 증상이 와서 밥을 빨리 먹고 땀을 내기 위해 부지런히 걷는다. 묘적령에 도착하니 드디어 햇볕이 난다. 묘적봉(1,156m)을 지나자 그제 민박집에서 저녁을 같이 먹던 성남시 등산객을 만난다. 어제 새벽 벌재에서 출발하여 죽령까지 계획했던 산행을 마치지 못하고 묘적령에서 중간 탈출해서, 오늘 죽령부터 묘적령을 거쳐 사동리까지 산행하고 있다고 한다.

인사를 나눈 뒤 도솔봉(1,315.6m)에 올라 사진을 찍고 삼형제봉(1,261m)~흰봉산 갈림길을 거쳐 죽령 샘터에 다다른다. 죽령 샘터에 폐쇄 알림 푯

말이 붙어 있다. 오후 4시 죽령에 도착한다. 식사를 하려고 했는데, 하필 죽령 상가들이 모두 재건축 공사 중이다.

 단양읍에서 올라온 택시를 타고 단양역으로 이동한다. 단양역은 주변 상가까지 거리가 500m 이상 떨어져 있어, 배낭에 있는 초콜릿으로 급한 허기를 달랜다. 7시 20분에 오송역에 도착하여 저녁으로 라면과 김밥을 먹고 19시 56분 광주송정역행 SRT를 타고 2박 3일간의 장정을 마친다. 황장산 민박집에서 오랜만에 훈훈한 고향의 정을 느낀 산행이었다.

소백산은 앞뒤로 능선이 없어
평야지대에서 불어오는 바람을 그대로
맞는다. 아름다운 야생화와 바람,
초여름을 마음껏 만끽한 산행이었다.

땅끝에서 통일전망대까지 ⑮ 소백산·태백산 구간

## 소백산·태백산·함백산… 100km 삼백종주하다!

이번 달 땅통종주는 소백산, 선달산, 태백산, 함백산을 지나는
일명 '삼백종주'다. 100km가 넘는 백두대간 길을 나흘 동안 걷는다.
그리고 이번 일정의 또 다른 이름은 나의 '퇴직기념 산행'이다.

**제50구간**(땅통 백두대간 22구간)
죽령 – 소백산 – 고치령/27.7km/10시간 43분

### 아찔했던 사고를 떠올리며

6월 14일, 장맛비가 흠뻑 내린 후 5일간은 쾌청하다는 일기예보다. 광주광역시에서 기차와 버스를 갈아타고 남한강이 휘감고 도는 단양읍에

도착하여, 숙소(모텔)에서 일찍 잠을 청한다. 내일 25km가 넘는 소백산 구간을 여유롭게 산행하기 위해서다.

6월 15일, 새벽 5시에 일어나 편의점에서 즉석밥과 라면으로 식사하는데 입맛이 없다. 몸도 으슬으슬 춥다. 단양시외버스터미널에서 군내버스를 타고 죽령에 도착하여 7시 30분부터 산행을 시작한다. 산행코스는 제2연화봉~연화봉~제1연화봉~소백산 비로봉~국망봉~상월봉~늦은맥

제2연화봉대피소와 기상관측소

소백산 연화봉에서 바라본 천문대(우측)와
강우레이더 기상관측소(멀리 좌측)

이재를 거쳐 고치령까지다. 이른 봄에 영주와 단양에서 산을 바라보면 정상에 하얀 눈이 쌓여 있어 소백산小白山(1,439.5m)이라 불리게 되었다고 한다. 제1연화봉을 지나 비로봉으로 오르는 길에 온몸이 아파 진통제를 먹는다.

 탁 트인 곳에서 점심을 먹고 풍기읍 쪽을 바라보니 안개가 걷히고 금계능선과 금계저수지가 보인다. 금계능선은 나에게 큰 부상을 안긴 곳이다. 지난 2018년 5월 27일, 광주광역시 나사모 회원과 금계능선 1063봉에서 길이 없고 경사가 심한 산비탈을 스틱을 짚고 횡단하던 중 갑자기 스틱이 부러지면서 20m가량 굴렀다. 사고 직후 진통제를 먹고 동료 두 명의 부축을 받아 희방사로 내려와 택시를 타고 어의곡리에 있는 산악회 버스로 갔다. 사고 충격으로 척추 2번이 압박골절되어, 한동안 입원치료를 받았다. 당시 사고의 여파로 지금도 방바닥에 앉아 식사하기가 고역이다.

 소백산 사고에서 느낀 교훈은 스틱에 체중을 온전히 실어서는 안 된다

필자가 4년 전 큰 부상을 당한 금계능선(우측).
당시 경사가 심한 산비탈을 횡단하던 중
갑자기 스틱이 부러지면서 20m가량 굴렀다.

는 것이다. 스틱에 숨겨진 흠이 있을 수 있기 때문이다. 또한 사람마다 운동신경이 다르므로 자기 페이스를 지키며 산을 타야 한다. 사고 당일 회원들로부터 "나뭇가지를 잡았는데 힘없이 부러져서 떨어졌다", "삭은 밧줄을 조심해야 한다"는 등의 이야기를 들었다.

소백산 비로봉毘盧峯을 향하는데 1,300m가 넘는 아고산지대라는 표지판이 있다. 소백산은 주능선을 앞뒤로 막아주는 능선이 없어 평야지대에서 불어오는 바람을 그대로 맞는다. 따라서 나무들이 제대로 자라지 못해 넓은 초지가 형성되었다. 넓은 초지를 따라 이어진 천국의 푸른 계단을 밟으며 즐겁게 비로봉을 오르는데, 백두대간길에서 조금 떨어진 곳에 목조 건물이 보여 궁금해서 다가가 보니 '주목 감시초소'라고 쓰여 있다. 등산객은 화장실이나 대피소로 착각할 수 있을 것 같다.

정상에서 인증사진을 찍고, 어의곡리 삼거리~초암사 갈림길~국망봉~상월봉~늦은맥이재~마당치~형제봉 갈림길을 지난다. 홀로 사색하며

소백산의 평야지대를 따라 천국의 푸른 계단이 이어진다.
그 아름다움을 담고자 사진을 열심히 찍는 등산객이 많다.

걷다 보니 어느새 고치령古峙嶺(770m)에 도착하여 산행을 마친다. 고치령은 '옛 고개'의 한자 이름이다. 트럭을 타고 영주시 단산면 좌석리 고칫재펜션으로 이동하여 씻고 저녁을 먹는다. 옆 평상에서는 72세 아저씨가 신문을 맨눈으로 읽고 있다. 산수山水가 좋은 곳에 살아 시력도 좋으신가 보다.

**제51구간**(땅통 백두대간 23구간)
고치령 – 선달산 – 도래기재/28.6km/13시간 8분

### 때 묻지 않은 자연 품은 선달산

6월 16일, 5시에 일어나 민박집 방문을 열어보니 마치 시간이 정지해 있는 것처럼 고요하다. 아침을 먹고 트럭으로 고치령에 올라 6시 30분부터 산행을 시작한다. 산행코스는 마구령~갈곶산~늦은목이재~선달산~박달령~주실령 갈림길~옥돌봉을 거쳐 도래기재까지다.

마구령을 향해 가는데 소백산 국립공원에서 세운 이정표가 0.5km마다 있다. 마구령馬駒嶺은 장사꾼들이 말을 몰고 다녔던 고개에서 이름이 유래했다. 부석사 무량수전의 갈림길 갈곶산에서 점심을 먹는다. 식사를 마치고 늦은맥이재에서 선달산先達山(1,236m)을 오른다. 몸살 때문인지 식은땀이 나고 온몸이 아파 진통제를 한 알 먹는다.

힘들게 선달산에 도착한다. '선달'의 사전적 의미는 문과나 무과에 급제하고 아직 벼슬하지 못한 사람을 의미한다. 오늘 지나온 선달산 구간은 길이 때 묻지 않고 계단도 거의 없어 선달산의 이름과 잘 어울린다. 푸름이 가득한 산길을 걸어 박달령에 도착한다.

진통제 기운이 떨어져 가는지 주실령 삼거리를 오르는데 땀이 많이 난다. 주실령 삼거리에서 나사모 산행대장 최명수 씨가 백두대간을 종주하다 발견하여 산행 후기에 올린 조망처를 찾아간다. 삼거리에서 문수지맥

석양 녘 옥석산 조망바위에서 바라본 선달산.
선달산 구간은 길이 때 묻지 않고 계단도 거의 없다.

방향으로 150m 지점에 나뭇잎에 가려져 있다. 여기까지 오는 동안 조망이 없어 답답했는데 조망바위에서 어제, 오늘 걸어온 대간길과 부석사 뒷산인 봉황산을 보니 가슴이 뻥 뚫린다.

옥돌봉(1,242m)을 거쳐 도래기재로 7시 40분에 하산하여, 춘양택시를 타고 춘양면 소재지로 간다. 식사하고 나니 저녁 9시가 넘어 씻은 후 바로 잠자리에 든다. 힘들었지만 녹음 속에서 세상사를 잊은 하루였다.

**제52구간**(땅통 백두대간 24구간)
도래기재 – 태백산 – 화방재/26km/12시간

## 귀가 먹먹했던 초여름 태백산

6월 17일, 4시 40분에 일어난다. 저녁을 맛나게 먹고 푹 잤더니 컨디션이 좋아졌다. 등산 채비를 하고 택시기사가 알려준 식당에 전화하니 아침 식사를 할 수 있다고 한다. 택시를 타고 도래기재에 도착하여 산행을 시작한다. 도래기재는 조선시대 역이 있던 도래기 마을에서 유래했다고 한다. 산행코스는 구룡산~신선봉~깃대배기봉~부쇠봉~태백산 장군봉을 거쳐 화방재까지다.

구룡산九龍山(1,346m)을 오른다. 그런데 춘양목(금강송)이 5년 전 홀로 대간을 종주할 때와 비교하면 거의 없다. 여기저기 베어진 소나무 밑동이 보인다. 5년 전에는 춘양목이 많았는데, 대체 무슨 일이 일어난 것일까?

구룡산 정상부터 산불 방화임도가 설치되어 있다. 초록 길을 누구한테도 방해받지 않고 사색하며 걷는다. 바람이 살랑살랑 불어와 볼을 간지럽힌다. 그런데 10시경부터 구룡산 너머 공군 사격장에서 폭격 소리가 들려온다.

"드르륵~ 콰앙~"

폭탄 터지는 소리와 머리 위를 나는 전투기 소리 때문에 귀가 먹먹하다.

고직령~곰넘이재를 지나 가파른 신선봉에 올라 도시락을 편다. 공군들도 점심시간인지 폭격을 멈췄다. 식사를 마치고 산길을 걷는데 다시 오후 폭격이 시작된다. 그런데 앞에서 개소리와 비슷한 짐승 울음소리가 들린다. 놀란 마음에 머리카락이 쭈뼛쭈뼛 선다. '저 짐승은 폭격 소리가 무섭지도 않나?' 하면서 스틱으로 탁! 탁! 소리 내어 돌을 찍으면서 최백호의 '영일만 친구'를 부른다.

각화지맥 갈림길인 차돌배기와 깃대배기봉과 부쇠봉을 거쳐 태백산太白山(1,567m) 천제단에 오른다. 정상석에서 인증사진을 찍고 천왕단에 들어가 보니 표지석에 '한배검'이라고 적혀 있다. 한배검은 1909년 나철이 창시한 대종교에서 '단군'을 높여 부르는 말이다. 그렇다면 환웅이 무리 3

천을 이끌고 태백산 꼭대기 신단수 나무 밑에 내려와 신시를 열었다고 하는 태백산은 어디일까? 학자들은 대체로 민족의 영산 백두산을 태백산으로 본다고 한다. 다만 『삼국유사』에는 묘향산을, 『승정원일기』는 평양 근처 대박산大朴山으로 보고 있다.

태백산 최고봉인 장군봉(1,567m)을 지나니 주목朱木 군락지가 보인다. 주목은 나무껍질과 목재가 붉은색을 띠어 붙여진 이름이다. 유일사 갈림길~산령각~사갈령을 거쳐 날머리 어평

태백산 정상석과 인증사진을 남긴 필자. 이번 태백산 산행은 군사훈련이 겹쳐 내내 포탄소리가 함께해 귀가 먹먹했다.

천왕단 한배검

재 휴게소(=화방재)에 도착한다. 휴게소에서 간고등어 정식으로 저녁을 먹고 2층 숙소에서 일찍 잠자리에 든다.

**제53구간** (땅통 백두대간 25구간)
화방재 – 함백산 – 삼수령/25.2km/11시간 3분

### 능선 따라 지천으로 깔려 있는 야생화

6월 18일, 새벽 4시에 알람이 울린다. 오늘은 태백역에서 18시 30분에 무궁화호 열차를 타야 하기 때문에 서두른다. 아침을 대충 먹고 5시 30분에 산행을 시작한다. 산행코스는 수리봉~만항재~함백산~중함백~은대봉~두문동재~금대봉~비단봉~매봉산 바람의 언덕을 거쳐 삼수령까지다.

수리봉을 오르는데 쭉쭉 뻗은 낙엽송落葉松이 5년 전보다 많이 굵어졌다. 잎이 진다고 해서 낙엽송이란다. 우리나라에서 자동차로 오를 수 있는 가장 높은 고갯길인 해발 1,330m의 만항재에 도착한다. 차에서 내려 야생화 공원에 들어서니 각종 야생화가 보인다. 각각 이름표가 붙어 있어 야생화 초보인 나에게 도움이 된다.

함백산咸白山(1,573m)은 우리나라에서 여섯 번째로 높은 산이다. 정상에 오르기 전, 배가 고파 이른 점심을 먹는다. 식사 후 정상에서 천안 아가씨 두 명을 만나 인증사진을 찍는다. 정상부터 중함백~은대봉을 거쳐 두문동재까지는 내리 야생화가 지천으로 피어 있다. 특히 범꼬리가 군락을 이루니 보기 좋다.

금대봉~쑤아밭령~비단봉~고랭지 배추밭이 있는 바람의 언덕을 거쳐 매봉산(1,303m)에 도착한다. 이 길을 세 번째 걷다 보니 이제야 매봉산 풍력발전기와 배추밭 대간길이 눈에 들어온다. 몇 년 전 낙동정맥을 종주할

함백산 정상에서 만난
천안 아가씨들과 정상석

함백산 야생화 범꼬리 군락. 함백산 정상부터 중함백~
은대봉을 거쳐 두문동재까지 야생화가 지천으로 피어
있다. 특히 범꼬리 야생화 군락이 가장 눈에 띈다.

때 걸었던 정맥 갈림길을 거쳐 태백시 삼수령三水嶺에서 산행을 마친다. 태백시 가는 버스 편을 알아보고 있는데, 운 좋게도 휴게소에서 태백 사시는 분을 만나 태백역으로 편하게 이동한다. 태백역에서 국밥을 먹고, 제천과 오송을 거쳐 광주에 도착하니 12시 30분이 넘었다.

이번 산행은 41년째 다닌 회사의 '퇴직기념 산행'이기도 하다. 가정 형편상 상고 졸업 후 스무 살에 한국전력에 입사했다. 1997년 IMF 여파로 공기업 구조조정을 하면서 2001년 한전에서 원자력발전소, 수력발전소, 화력발전소가 한전 자회사로 분사되어 2001년부터 한국수력원자력(한수원)에 근무하게 된다.

두 번의 백두대간과 땅통종주로 돈을 많이 쓰는 남편을 묵묵히 지켜봐 준 아내에게 지면으로나마 고맙다는 말을 전한다. 요즘은 아내와 종종 자전거를 타고 있다.

땅통종주는 올해 10월에 통일전망대에서 마칠 계획이다. 해남 땅끝에서 종주를 시작할 때는 남북화해 모드로 '어쩌면 백두산, 두만강까지도 가능하지 않겠는가?'라는 기대를 했지만, 삼천리금수강산 중 남한 구간의 아름다운 경치를 즐긴 것으로 만족하려 한다. 이번 산행은 첫날, 둘째 날 몸이 좋지 않아 고전했지만, 무사히 삼백종주를 마쳐 기쁘다.

땅끝에서 통일전망대까지 ⑯ **덕항산 구간**

## 장마 속에 100대 명산 덕항산을 지나다!

백두대간과 낙동정맥에 둘러싸인 태백시는 멀리서 보면 마치 고대 성안의 마을처럼 느껴진다. 태백시 삼수령에서 출발하여 카르스트(석회암층) 지형의 결정판인 덕항산, 환선봉과 고랭지 배추밭이 유명한 귀네미마을을 지난 이번 산행은 긴 장마와 아내의 자전거 사고로 육체적 정신적으로 힘든 시간이었다.

**제54구간**(땅통 백두대간 26구간)
삼수령 – 덕항산 – 댓재/26.1km/10시간 58분

### 백두대간 고지대 오지마을

7월부터 끝을 모르고 계속되는 장마 때문에 매일 기상청 일기예보를 주시한다. 8월 1일, 장마전선이 중부와 북한 지방으로 올라갔다는 일기예보를 확인하고 태백시로 향한다. 07시 50분에 광주송정역에서 KTX를 타고 오송역에 내린 뒤, 다시 시내버스로 청주버스터미널로 이동한다. 그런데 뒤늦게 문제를 발견한다. 너무 오랜만에 신은 탓인지 중등산화 밑

백두대간에서 바라본 삼척의 산야

창이 떨어진 것이다. 부랴부랴 청주버스터미널 앞 아울렛에서 경등산화를 구매한다.

10시 50분, 청주버스터미널에서 태백 가는 버스를 탄다. 휴가철이라 차가 많이 밀려 2시 20분에 도착, 급하게 옥수수와 빵으로 점심을 먹은 뒤 귀네미마을 가는 농어촌버스를 2시 40분에 탄다. 버스는 삼수령 가는 35번 국도를 타는데 승객은 나 혼자다. 버스기사가 귀네미마을에서 태백시로 돌아가는 막차는 16시 15분에 있다고 알려준다.

하늘을 쳐다보니 날이 흐려 귀네미마을을 향해 바삐 오른다. 마침 승합차가 오기에 손을 들었더니 태워준다. 서울에서 고향 울진으로 여름휴가를 온 가족인데 3대가 함께 왔다. 귀네미마을은 삼척시 하장면 광동댐 건설로 수몰됐던 30여 가구가 백두대간 고지대에 이주해서 개척한 마을이다. '귀네미'라는 마을 이름은 산의 형세가 소의 귀를 닮았다는 '우이령牛耳嶺'에서 유래했다.

내일 백두대간을 타면 귀네미마을을 통과하지만, 먼저 들른 이유는 내일 산행거리가 26km이기 때문에 백두대간 능선 길에서 귀네미마을 하단까지 사진을 찍으러 내려오려면 많은 시간이 소요되기 때문이다. 마을 전망대에서 사진을 찍는데 갑자기 비가 내린다. 만약 승합차를 만나

일출이 아름다운 귀네미마을

백두대간 고지의 귀네미마을은 고랭지 배추밭으로 유명하다.

지 못했다면 사진도 못 찍고 비만 쫄딱 맞았을 것이다.

"덕분에 비를 피해 사진 잘 찍었습니다."

고마운 마음을 표하자, 할머님은 도움이 되어 기쁘다며 장마철인데 내일 산행 잘하라고 격려까지 해주신다. 각박한 세상에 낯선 이에게 호의를 베풀어준 이 가족처럼 나 또한 남들에게 선한 영향력을 주겠다고 다짐한다.

태백시버스터미널 인근에 숙소를 정하고 이른 저녁을 먹은 후 산책 겸 낙동강 발원지인 황지연못을 찾는다. 이전에 산악회와 태백산 산행을 한 후 태백시에서 목욕과 식사를 했지만, 단체로 움직이느라 황지연못을 보지 못했기 때문이다. 카르스트지형(석회암층)에서 물이 솟아나는 황지연못은 크게 상지上池, 중지中池, 하지下池로 이루어져 있다. 상지에서만 하루 5천여

황지연못
낙동강 발원지이다.

톤의 물이 솟아난다고 한다. 황지연못에서 나온 깨끗한 개울에서 놀고 있는 아이들을 보니 절로 미소가 지어진다.

### 3개의 물길이 갈라지는 고개

8월 2일, 밤새 유리창에 부딪히는 빗소리를 들으며 잠을 잤는데, 새벽 4시 20분에 알람이 울려 TV를 켜보니 어제 거쳐 왔던 제천·단양·영월에 200㎜ 이상 폭우가 내려 영동선, 태백선이 운행 중지되었다고 한다. 핸드폰으로 기상청 예보에 들어가니 오늘 통과할 삼척시 하장면에 오전 9시부터 18시까지 시간당 40~69㎜ 폭우가 예보되고, 내일도 비가 온다고 한다. 밖으로 나가니 세찬 비가 내린다. 어쩔 수 없이 광주에 내려가야 하므로 산행 중 먹으려고 준비한 빵을 먹는다.

오전 6시쯤 밖이 소란하여 나가 보니, 모텔 1층 식당에서 작업자들이 아침을 먹고 나온다. 하늘을 쳐다보니 짙은 구름 사이로 햇살이 조금 비추자 갈등이 시작된다. 태백시까지 많은 경비를 들여왔고, 〈사람과 산〉 9월 호 원고를 8월 10일까지 제출해야 한다. 다시 기상청의 강우예측레이더 4시간 영상을 보니, 오늘 거닐 구간엔 약한 비구름만 지나고 있다. 결론은 비가 많이 내려 도저히 산행할 수 없을 때 중간 탈출하더라도 최선을 다해 보자는 것이다.

얼마 전 감명 깊게 읽은 『섀클턴의 위대한 항해』가 생각난다. 1914년, 남극 횡단 탐험에 나선 영국의 섀클턴 경과 대원 스물일곱 명의 634일간의 생존 이야기를 다루었다. 그들은 영하 30도가 넘는 남극에서도 버텼는데, 비가 조금 온다고 포기하려는 나에게 '용기'를 내라고 주문을 건다. 배낭을 메고 나오니 다시 비가 내린다. 터미널에서 망설임 없이 택시를 탄다.

"기사님! 삼수령으로 갑시다!"

백두대간을 종주할 때마다 피재와 삼수령 지명을 같이 써서 헷갈리는데, 강원대 지리학과 김창환 교수가 2016년 〈한국지리학회지〉에 발표한 삼수령 관련 자료가 있어 소개한다.

삼수령三水嶺이라는 지명은 이름 그대로 3개의 물길이 갈라지는 고개다. 우리나라에서 이렇게 세 물길이 갈라지는 데는 여러 곳이지만 동해(오십천), 남해(낙동강), 서해(한강)로 흐르는 3대 강의 분수계가 만나는 곳은 삼수령이 유일하다. 그런데 지금 산행을 시작하려는 곳은 '낙동강의 물줄기가 분기되지 않는다'는 데서 문제가 발생한다.

동해(오십천), 남해(낙동강), 서해(한강)가 만나는 삼수령. 삼수령(三水嶺)이라는 지명은 이름 그대로 3개의 물길이 갈라지는 고개다.

과거 이곳은 피재였다. 옛날 삼척 사람들이 난리가 발생하면 이 고개를 넘어왔기에 '피난 온 고개'라 하여 피재라 불렀다. 또한 '피'는 '벼를 못살게 하는 못된 풀'이라는 부정적 이미지 때문에, 1992년에 태백시에서 피재를 삼수령으로 이름 바꾸고, 기념탑까지 세운 것이다. 그러다 2011년에 삼수령에서 1km 가량 떨어진 낙동정맥이 분기되는 매봉산 중턱에 제2의 삼수령 표지석을 세웠다. 결국 삼수령이라는 표지석이 두 군데가 존재하고 있는 것이다. 역사유

우중산행을 대비하여 양말 위로 비닐을 덧대었다.

물도 충분한 고증을 거치듯, 백두대간 표지석도 신중히 세워야 한다.

    삼수령 기념탑 옆 정자에서 바지를 타고 흘러내린 물이 신발 안으로 들어가지 않도록 비닐로 발목을 감싸고 우천 스패츠를 찬다. 산행코스는 건의령, 덕항산, 귀네미마을을 거쳐 댓재까지 가는 26km이다. 산행 시작할 때 여름용 고어텍스 재킷을 입었는데 바로 벗어 배낭에 넣는다. 비를 맞으며 진행하는데, 분홍색 우비를 입은 부부 백두대간 등산객을 만난다.
"어디까지 가세요?"
"두문동재까지 갑니다."

### 긴 장마와 새 신발 증후군
    건의령 못미처 갑자기 햇살이 나기에 기상청 일기예보를 보니 낮 동안 내린다던 40~69㎜ 폭우 예보가 오후 5시부터 내리는 것으로 수정되었다. 푯대봉 삼거리를 지나 점심으로 빵과 떡을 먹는다. 구부시령~덕항산~환선봉까지는 바닥을 치고 오르는 가파른 오르막이 몇 개 있다. 이미 신발 안으로 물이 들어갔고, 새 신발이라 그런지 오른발 새끼발가락이 매우 아프지만 비가 그치고 살랑살랑 부는 바람에 마치 피서를 온 것 같다. 덕항산에서 마산시의 '100대 명산' 등산객을 만나 인증사진을 찍고, 환선봉 정상석 뒤편 조망처에서 환선굴, 삼척 시내, 귀네미마을 풍력발전기를 바라본다.
    귀네미마을에 들어서니 농부가 고랭지 배추밭에서 잡초를 뽑고 있다. 백두대간 높은 곳에서 바라다보니 어제 보았던 귀네미마을 풍경과 달라 보인다. 귀네미마을 최고봉(1,076.5m)에는 물탱크가 있다. 마을 전경과 지나온 덕항산, 환선봉 그리고 삼척 시내와 동해까지 보인다. 농로를 타고 승용차로 정상까지 올라올 수 있어 사진작가들이 선호하는 출사지라고

장마철 싱그러움을 가득 머금은
백두대간의 숲

한다.

　큰재를 거쳐 황장산으로 향한다. 오후 5시가 넘어서니 숲이 으스스하다. 비도 추적추적 내린다. 멧돼지 때문에 라디오나 유튜브를 켜려고 하는데 난청지역이라 잡히지 않는다. 걷다 보니 반가운 가래나무도 만난다. 최근에 광주광역시 천변에서 본 가래나무를 사진 찍어 블로그에 올린 적이 있어 금방 눈에 들어온다. 역시 아는 만큼 보인다. 삼척택시에 전화하여 댓재에 6시 40분까지 와달라고 통화하고, 황장산 급경사를 내려가 댓재에 도착하니 택시가 대기하고 있다.

　댓재에는 휴게소 겸 민박집이 있다. 5년 전 홀로 대간 종주할 때 머물렀던 곳인데, 그사이 빨간 벽돌 2층집으로 새로 지었다. 일주일 전에 전화로 민박할 수 있는지 물었더니, "코로나 때문에 휴업 중"이라고 한다. 어쩔 수 없이 삼척으로 간다. 여름 휴가철이라 숙소(모텔) 요금을 더 지불하고

환선봉 전망대에서 바라본
귀네미마을 전경

인근 식당에서 흑돼지 삼겹살 2인분을 맛나게 먹는다.

고민 끝에 내일 산행을 하지 않고, 아침 식사 후 광주에 내려가기로 한다. 내일도 종일 비가 오고, '새 신발 증후군'으로 새끼발가락이 아파 30km의 두타·청옥산을 넘는 것은 무리라고 판단했기 때문이다. 방에 들어와 전화로 여기저기에 일정 변경을 알린다. 내일 산행을 안 하기로 결정하니 잠이 오지 않아 TV를 켜니 장마 때문에 전국이 떠들썩하다.

### 광주 귀향길과 아내의 자전거 사고

다음 날 아침, 느지막이 일어나 배낭을 챙겨 숙소를 나선다. 숙소 카운터에 아침 식사할 만한 곳을 물으니, 삼척 중앙시장 쪽에 가보라고 한다. 비가 내려 마트에서 우산을 사는데 모텔 인근에 삼척문화원이 있다. 아침을 먹고 삼척문화원에 찾아가 자료를 구하고 싶다고 했더니, 젊은 직원이 없으니 시립박물관이나 삼척시청을 찾아가라고 한다. 문화원을 나와 1km 떨어진 삼척버스터미널을 향해 걷는다. 걷다 보니 꽈배기 가게가 보인다. 꽈배기를 보니 아내가 식사는 제대로 하고 있는지 걱정된다.

7월 해 질 무렵, 영산강 자전거 도로에서 아내와 함께 자전거를 탔는데, 나를 따라오던 아내가 잠깐 방심한 사이 나무다리에 부딪치는 사고가 발생했다. 한동안 정신을 못 차릴 정도의 충격이었다. 119를 불러 전남대병원 응급실에서 CT와 엑스레이를 찍어보니 앞니가 한 개 빠지고, 오른팔이 골절되고, 얼굴에 타박상, 갈비뼈에 실금이 가는 큰 부상을 당했다.

사고 이후 아내가 혼자서 목욕을 할 수 없어 도와주었더니 어느 날, 쑥스러운 듯 "59년을 살다 보니 이런 날도 있네"라고 말하며 웃었다. 아내의 말에 "어린왕자에 나온 구절처럼 내가 물을 주고, 벌레를 잡아주고, 바람을 막아준 한 송이 장미꽃이 5천 송이 장미꽃보다 소중하다"라고 답했다.

아내 몫으로 꽈배기 한 봉지를 사서 10시 40분에 삼척종합버스터미널에서 강릉을 거쳐 대전 가는 버스를 탄다. 주 52시간 근무제를 하는 통에 버스 요금이 많이 올라 KTX 요금과 별 차이가 없는 것 같다. 3시간 10분이면 도착할 버스가 비가 많이 내리고 휴가철이라 5시간이나 걸렸다. 차창을 두드리는 빗소리를 들으며 오늘 산행을 포기하기 정말 잘했다는 생각을 한다. 대전에서 광주행 버스를 갈아타고 집에 도착하니 저녁 9시였다. 딸이 와서 아내를 도와주고 갔다고 한다. 단 하루 산행을 위해 3일을 소모한 땅끝종주였다. 이번 장마가 코로나도 쓸고 갔으면 좋겠다.

두타산을 오르다 바라본 동해 일출.
하늘이 붉게 타오르며 어둠을 밝혀준다.

땅끝에서 통일전망대까지 ⑰ **두타산 구간**

## 두타행자頭陀行者의 3일간 동해 방랑기!

9호 태풍 마이삭이 우리나라를 강타한 그날, 버스에 몸을 실었다. 이번 땅동종주 첫날은 두타·청옥·고적산을 넘는 29km의 여정이었다. 둘째 날은 바위가 병풍처럼 둘러싸인 석병산에서 '희망'이라는 길을 찾으려 했다. 중국의 대문호 루쉰은 〈고향〉이라는 단편에서 '사실 땅 위에는 본래 길이 없었다. 걸어가는 사람이 많아지면서 곧 길이 된 것이다'라고 했다. 산속에 있다는 것만으로도 큰 행복을 느꼈던 이달의 산행, 나는 결국 '희망의 길'을 찾았던가?

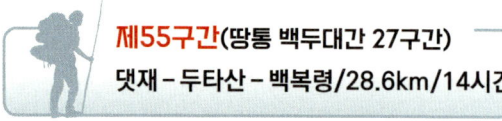

## 관동팔경 죽서루와 추암 촛대바위

이번 달은 긴 장마, 찜통더위와 태풍 때문에 일기예보만 쳐다보다가, 9월 3일 새벽에 9호 태풍 마이삭이 우리나라를 강타했다는 뉴스를 보며 배낭을 꾸려 삼척으로 향한다.

광주버스터미널에서 09시 20분 고속버스를 타고 대전복합버스터미널을 거쳐, 12시 15분 삼척행 버스로 갈아탄다. 광주에서 삼척은 참 멀기도 하다. 대전에서 탄 승객 5명이 강릉에서 2명, 동해시에서 2명 내리고, 삼척은 나 혼자다. 괜히 버스 기사한테 미안해서 "수고하셨습니다!"라고 했더니, 미소를 지으며 감사하다고 한다. 버스 이동 시간만 6시간 40분이 소요됐으니 광주와 서울의 왕복 시간과 같다.

지금 시각은 오후 4시 30분, 대낮에 모텔 들어가기가 아쉬워, 택시를 타고 관동팔경의 하나인 '죽서루竹西樓'에 간다. 아침에 삼척을 덮친 태풍 마이삭으로 오십천이 진흙탕물이다. 죽서루는 관동팔경 중 유일하게 바다와 접하지 않고 내륙에 들어와 있는 누대로 보물 제213호다.

이른 저녁으로 국밥을 먹고, 택시를 불러 동해시 추암 촛대바위로 간다. 촛대바위는 애국가 첫 장면에 나온 바위로 유명한, 동해 최고의 해돋이 명소다. 택시기사와 주차장 대기료까지 포함한 요금을 합의하고 사진 찍기 삼매경에 빠진다. 해 질 녘 햇살이 촛대바위를 빨갛게 비춘다. 붉은 빛이 한마디로 '대박이다!' 추암의 추 '錐'는 '송곳 추' 자다. '추암', '추산'과 같이 지명에 '추' 자가 들어가면 대개 기다란 기둥 모양의 암괴라고 한다.

택시기사와 내일 새벽에도 댓재까지 같이 가기로 하고 소개해 준 오십천변 깨끗한 모텔에 들어와 8시 30분 억지로 잠자리에 든다. 내일 새벽 3

죽서루 전경. 죽서루는 관동팔경 중 유일하게 바다와 접하지 않고 내륙에 들어와 있는 누대로, 보물 제213호다.

추암 촛대바위. 촛대바위는 애국가 첫 배경화면으로 나온 바위로 유명하다. 동해 최고의 해돋이 명소다.

시에 일어나야 하기 때문이다. 영어 단어 'Change(변화)'에서 알파벳 g를 c로 바꾸면 'Chance(기회)'가 된다. 태풍이 지나간 내일과 모레 산행이 좋은 조망을 선사할 것을 기대해 본다.

## 해동삼봉 두타·청옥·고적대를 넘다

3시에 알람이 울려 방에서 아침으로 라면과 즉석밥을 먹고 택시를 타고 댓재로 향한다. 댓재 옛 이름은 죽령竹嶺이다. 진선출판사에서 발행한 『해설 대동여지도』에 의하면, 오늘 구간은 '죽령~두타산~백복령'으로 지명이 나와 있다. 댓재는 대고개, 즉 죽령의 우리말이다. 4시 55분에 헤드랜턴을 켜고 산행을 시작한다. 댓재에는 새벽바람이 많이 불어 여름용 긴팔 재킷을 입는다. 산행코스는 햇댓등~두타산~청옥산~고적대~갈미봉~이기령~상월산~원방재~1022봉을 거쳐 백복령까지 가는 29km다. 캄캄한 새벽에 홀로 산에 들어서려니 무섭다.

산신각을 거쳐 햇댓등에 올라 두타산을 향하는데 동녘 하늘이 붉게 타오르며 일출이 시작된다. 어둠을 밝혀주는 빨간빛이다. 어둠 속에서 아침을 맞이하는 사람은 환한 햇살의 고마움을 안다. 통골재를 거쳐 두타산頭陀山(1,353m)에 오른다. 두타는 범어 'dhu-ta'를 음역한 것으로 '버리다, 떨쳐버리다, 씻는다, 닦는다' 등의 뜻을 내포하고 있다. 출가 수행자가 세속의 모든 욕심이나 속성을 떨쳐버리고 몸과 마음을 깨끗이 닦으며, 참기 어려운 고행을 참고 행하는 것을 두타행頭陀行이라고 한다. 두타산에는 기존 정상석 외에 새로운 아치형 정상석이 설치되었다.

박달재를 거쳐 청옥산靑玉山(1,403m)에 오른다. 예로부터 보석에 버금가는 청옥靑玉이 발견되고 청옥이라는 약초가 많이 자생함에 따라 청옥산이라 불리게 되었다고 한다. 청옥산 정상을 떠나 연칠성령과

두타산 정상석. 기존 정상석 옆으로 새로운 아치형 정상석이 설치되었다.

고적대에 오른 필자. 고적대에서 동쪽으로 무릉계곡이 보이고 그 너머로 동해가 보인다.

망군대를 거쳐 가파른 고적대高積臺(1,354m)에 오른다. 등산로에는 태풍 마이삭의 영향으로 군데군데 나무가 쓰러져 있고, 가을의 전령사인 구절초, 쑥부쟁이가 반겨준다. 고적대에서 동쪽으로 무릉계곡이 보이고 그 너머로 파란 동해가 보인다. 지나온 두타산과 청옥산을 바라보니, 마음속에 퇴직으로 잠시 움츠러들었던 호연지기가 되살아나며, 어려운 땅끝종주를 홀로 하게 된 동기가 떠오른다.

### 땅끝종주의 시작과 끝

어린 시절부터 책 읽기를 좋아하여 '한 권의 책'을 버킷리스트로 삼았다. 등산을 시작하게 된 계기는 10년 전 우연히 찾아왔다. 아파트 우편함에 울릉도와 독도를 간다는 한 산악회 팸플릿이 꽂힌 것이다. 산악회를 따라 아내와 함께 울릉도로 떠났고, 그것이 나의 산행 시작점이 되었다.

땅끝종주 시작 전, 두 번의 백두대간 종주가 있었다. 첫 종주는 2012년 산악회와 진행했는데 한 번도 결석하지 않고 남진했지만 여럿이 우르르 몰려다니다 보니 생각할 시간이 없었다. 두 번째는 출판을 목적으로 2015년 홀로 종주했다. 책을 내려고 출판사와 접촉하다 보니 사진과 원고가 엉망이었다. 지금 생각해 보니 산행기록 식으로 쓴 초고草稿였다. 원고량을 두 배로 늘리라고 해서 수정하다 보니 새로 쓰는 것보다 힘들어 포기했다. 그러나 마음 한편에는 글쓰기에 대한 열망이 남아 있었다.

이후 2018년, 소백산 산행 중 20m를 굴러 크게 다쳐 허리압박골절로 병원에 입원하게 되었다. 시간을 갖고 생각하니 백두대간 종주 책은 너무 흔했다. 그래서 떠오른 것이 '땅통종주'였다. '종주계획서'를 작성하고 산악잡지 〈사람과 산〉의 강윤성 편집장에게 연락하여 운 좋게 연재를 하게 되었다. 그렇게 땅통종주의 시작을 〈사람과 산〉과 함께하였고, 많은 도움을 받으며 이제 그 끝을 향해 달려가고 있다. 특히 문예진 기자가 많은 도움을 주고 있다. 또한 강윤성 편집장과 정종원 사진 부장의 연재물을 매달 열심히 보면서 많이 참고하고 있다.

고적대에서 긴 상념을 접고 갈미봉~이기령을 거쳐 상월산上月山(970.3m)에 오른다. 상월산은 형제봉이다. 원방재까지 바닥을 치고 내려가 긴 오름을 오른다. 도중에 바위 조망처가 있는데 조망바위에서 바라본 상월산은 강인한 황소 같은 느낌이었다. 대간길을 세 번째 걷다 보니, 이 구간의 아름다움은 두타산과 청옥산이 아니고 고적대와 상월산이라는 걸 느낀다. 물론 전체로 본다면 이 산의 하이라이트는 무릉계곡이다.

묵직한 다리의 피로를 느끼며 한 걸음 한 걸음 올라 드디어 1022봉에 도착한다. 너무 기쁜 마음에 "끝은 있다!"라고 크게 소리 지른다. 다시 959봉을 지나 오후 7시에 백복령에 도착한다. 콜택시를 타고 정선군 임계면 소재지로 간다. 무뚝뚝한 택시기사는 미터기도 켜지 않고 요금을 부르는데 내일 새벽에도 택시를 타야 하므로 아무런 이의를 제기하지 않는다. 택시기사가 부른 요금을 치르고 내일 새벽 5시 30분에 출발하기로 한다. 식당이 끝날 시간이어서 숙소(모텔)에 배낭만 놓고 식당에서 삼겹살 2인분을 시킨다. 삼겹살을 항상 2인분 시키는 이유는 1인분은 주문을 받지 않기 때문이다. 내일도 일찍 일어나야 해서 술은 시키지 않는다. 숙소에 들어와 씻은 후 새벽 4시 알람을 맞추고 잠자리에 든다.

 **제56구간**(땅통 백두대간 28구간)
백복령 – 석병산 – 삽당령/19km/8시간 50분

### 바위 병풍을 두른 석병산

9월 4일, 새벽 4시에 알람을 맞추어놨는데 3시에 눈이 떠진다. 일찍 일어난 김에 1시간 동안 어제 산행 기억을 더듬어 핸드폰 메모장에 기록한다. 편의점에서 라면과 즉석밥으로 아침을 먹고 5시 30분에 임계 택시를 타고 백복령으로 향한다.

"저처럼 혼자 백두대간 하는 사람이 더러 있나요?"

"거의 혼자예요."

"왜 그럴까요?"

"지리산에서 출발할 때는 대개 몇 명이 함께 출발하지만, 서로 산행 일정을 맞추기 어려워 강원도에 도착하면 거의 혼자만 남는 경우가 많더군요."

백복령으로 가는 택시 안에서 운전기사와 대화를 나누다 보니, 어제는 무뚝뚝하다고 생각했는데 이야기해 보니 그렇지도 않다. 그러는 사이 백복령에 도착하여 택시에서 내려 '백두대간 백복령' 표지석에서 사진을 찍는다. 표지석 옆을 보니 백복령의 지명 유래에 대해 적혀 있다. 백복령이란 이름은 '흰 복령' 약초에서 유래했는데, 흰 복령은 오줌이 잘 나오게 하는 약초라고 한다.

산행코스는 생계령~고병이재~석병산~두리봉을 거쳐 삽당령까지 가는 19km이다. 날씨가 많이 쌀쌀해서 재킷을 입고 산행을 시작한다. 백두대간 자병산에서 돌 부수는 소리를 들으며 임도를 타고 걷는다. 가다 보니 트레일 러닝 동호인들이 나를 추월한다. 어디까지 가느냐고 물으니, 삽당령까지 간다고 한다.

생계령에서 가파른 829봉을 오른다. 어제 장거리를 타고 새벽에 일찍 일어나서인지 오르막이 힘겹다. 829봉부터는 잡목투성이다. 아까 만난 동호인들이 반바지를 입었던데 걱정된다. 900.2봉에서 점심을 먹고, 고병이재를 거쳐 석병산石屛山(1,055m)에 도착한다. 석병산은 '바위(石)가 마치 병풍(屛)을 두른 것과 같다'는 의미다. 정상에 배낭과 스틱을 놓고 카메라만 들고 일월문日月門으로 간다. 일월문은 '둥그렇게 뚫린 바위 구멍 모양이 해와 달을 닮았다'고 하여 일월문이라 부른다.

다시 일월봉으로 올라가 석병산과 옆의 촛대바위를 구도 잡아 사진을 찍으려고 하는데, 뒤에서 미세한 소리가 들린다. 돌아보니 살무사가 똬리를 틀고 있다.

"아이고, 깜짝이야!"

스틱이 없어 돌을 집어 던지니 살무사가 바위틈으로 슬그머니 사라진

빼어난 암릉미를 자랑하는 석병산 일월봉

사진을 찍기 위해 가파른 석병산 바위를 오르내리는 필자

다. 혼자 다니니 더 조심해야 한다. 그러는 사이 석병산 정상에 두 그룹의 등산객이 왔다. 강릉에서 온 등산객에게 부탁하여 일월봉과 산 너울을 배경으로 사진을 찍는다. 산을 배경으로 하는 사진에 인물이 들어가면 훈훈하다.

두리봉을 거쳐 삽당령으로 향하다 도착 30분 전에 강릉 개인택시를 부른다. 삽당령에 도착하여 버스 시간표를 확인하니 앞으로 30분만 기다리면 버스가 오는데 이미 택시를 불렀으니 어쩔 수 없다. 강릉시외버스터미널까지 택시비가 예상 외로 많이 나왔다. 이틀간 산행에서 유난히 택시비를 많이 지출하였다. 이틀 동안 새벽 3시에 일어나 부지런히 움직인 산행이었다.

한계령 도로와 기암괴석.
한계령의 주변 조망은 절경이다.
기묘한 바위들이 등산객의
발걸음을 잡는다.

땅끝에서 통일전망대까지 ⑱ **오대산·점봉산 구간**

## 대관령·오대산·점봉산을 넘는 130km 종주

올여름은 긴 장마와 태풍, 코로나까지 겹쳐 어려움이 많았다. 그러나 계절의 순환은 어김없다. 화창한 날씨를 택해 강릉시 삽당령에서 시작하여 대관령, 오대산, 점봉산을 넘어 한계령에 도착한 5일간의 가을 산행에서 금수강산의 아름다움을 느꼈다. 특히 야생화를 길벗 삼아 바라본 설악산이 필자를 들뜨게 했다. 비록 마지막 날은 입술까지 부르텄지만, 130km의 여정을 무사히 마쳐 기쁘다.

**제57구간**(땅통 백두대간 29구간)
삽당령-고루포기산-대관령/29.6km/12시간 48분

### 가을이 반기는 대관령행 산행

9월 17일, 광주에서 09시 05분 버스를 탄다. 일찍 출발하는 이유는 산행 전 강릉의 명소를 둘러보기 위해서다. 강릉 오죽헌에서 운 좋게 문화관광 해설사로부터 설명을 듣는다. 호조, 이조, 형조, 병조판서를 거친 이

이는 49세에 세상을 떠났는데 장례를 치를 돈도 없었다고 한다. 이는 "이득을 보거든 옳은 것인가를 생각하라"는 견득사의見得思義를 생활신조로 삼았기 때문이라고 한다. 오죽헌을 둘러본 뒤 택시를 타고 관동팔경 중 하나인 경포대로 이동한다. 경포대에 올라 선비처럼 경포호수를 바라보니 마음이 한없이 평화로워진다.

9월 18일, 4시에 일어나 숙소 인근에서 해장국으로 아침을 먹고, 택시로 정선과 강릉 경계인 삽당령에 도착한다. 산행코스는 석두봉~화란봉

산행 전 강릉의 명소 오죽헌을 둘러보았다. 견득사의를 생활신조로 삼았던 율곡 이이에 대해 자세히 알 수 있는 시간이었다.

~닭목령~고루포기산~능경봉을 거쳐 대관령까지 가는 29km이다. 5시 50분에 헤드랜턴을 켜고 산행을 시작했는데 금방 동이 튼다. 862봉과 석두봉을 지나 제8쉼터에서 백두대간을 남진으로 진부령부터 지리산까지 백패킹으로 종주 중인 제주 산악인 두 명을 만난다. 텐트와 식량 등 무게가 만만치 않아 대단하다고 생각했는데, 도래기재에서 종주를 포기한 것 같다. 백두대간 연속 종주를 성공한 등산인들 중에는 홀로 산행자가 많은데, 둘이서 하면 의지가 될지는 모르지만 둘이기 때문에 포기도 두 배로 늘 수 있다는 것이 나의 생각이다.

등산로를 걷는데 '톡톡!', '툭툭!' 하는 소리가 들려 주위를 살펴보니 도토리 떨어지는 소리다. 아! 가을이 왔음을 느낀다.

화란봉 급경사 구간이 필자의 나이를 체감하게 한다. 힘들게 화란봉을

고루포기산 정상 근처 전망대에서 바라본 평창군 대관령면의 아름다운 산야. 가슴이 뻥 뚫리는 시원한 풍경이다.

지나 하늘 전망대에 도착하니 날씨가 좋아 설악산 대청봉이 희미하게 보인다. 짧은 감상을 마치고 전망대를 떠나 다시 발을 옮긴다. '고개 모양이 닭의 목을 닮았다'는 닭목령과 왕산제 1·2쉼터를 지나 고루포기산을 오른다. 고루포기산은 '키 작고 가지 많은 다복솔 소나무가 포기를 지어 많이 자라는 산'이라는 데서 산 이름이 유래했다. 정상에서 1km가량 진행하니 전망대가 있다. 여기서 대관령 산야를 바라보니 가슴이 뻥 뚫린다.

정상을 지나 영동고속도로 제1터널이 있는 횡계재와 행운의 돌탑을 거쳐 능경봉에 도착한다. 능경봉에 서니 강릉 시내가 한눈에 들어오고 뒤로 동해가 진홍빛 노을에 물들고 있다. 대관령 표지석이 있는 구 대관령 휴게소에서 대관령면 소재지 횡계까지 택시로 이동하여 저녁을 먹고 하루를 마친다.

## 제58구간(땅통 백두대간 30구간)
### 대관령 – 노인봉 – 진고개/27.8km/11시간 25분

### 선자령 지나 백발노인 화강암으로

9월 19일, 6시 택시로 구 대관령 휴게소로 이동해 7시 20분 산행을 시작한다. 선자령~곤신봉~동해 전망대~매봉~소황병산~노인봉을 거쳐 진고개까지 27km 여정이다. KT 송신소~전망대를 거쳐 선자령에 오르는데 어젯밤 선자령에서 백패킹하고 하산하는 등산객이 보여 "별이 좋았지요?"라고 물으니, "네, 좋았는데 바람이 많이 불었습니다"라고 한다.

선자령(仙子嶺(1,157m))에 올라 삼양목장 목초지가 있는 곤신봉으로 향하는데, 곤신봉에 출입금지 표지판이 붙어 있다. 곤신봉을 뒤로하고 선자령을 둘러보니 온 풀밭이 누렇게 변한 것이 가을이 분명하다. 그러나 삼양목장 일대는 아직 푸른 초원을 이루고 있다. 아마 가을 건초용으로 늦게 파종했기 때문인 것 같다. 군데군데 홀로 서 있는 나무와 그 아래 텐트를 치고

대관령 초원.
삼양목장 일대로 광활하고
푸른 초원이 펼쳐진다.

있는 등산객도 보인다. 그 모습이 그림 같아 한 컷 담아본다.

동해 전망대~매봉~소황병산을 거쳐 노인봉老人峰(1,338m)에 오른다. 노인봉은 멀리서 바라보면 정상부 화강암이 백발노인처럼 보인다 하여 산 이름이 붙여졌다. 노인봉 정상에서 멀리 설악산 대청봉이 보인다. 하산하여 진고개에 도착하니 민박집 차가 기다리고 있다. 동태탕에 밥을 먹는데 맛있다고 하니 주인이 동태 냄비를 통째로 줘서 두 그릇이나 더 먹는다.

### 제59구간(땅끝 백두대간 31구간)
진고개 – 오대산 두로봉 – 구룡령/23.4km/11시간 15분

## 오대산에서 바라본 가슴 벅찬 설악산

9월 20일, 5시에 일어나니 전날 빨래를 부탁한 옷이 세탁 건조되어 문 앞에 놓여 있다. 감사하다. 아침 식사 후, 진고개로 이동하여 6시 50분부터 산행을 시작한다. 산행코스는 오대산의 동대산과 두로봉을 넘어 신배

노인봉에서 바라본 황병산. 노인봉은 멀리서 바라보면 정상부 화강암이 백발노인같이 보인다 하여 이름이 유래했다.

령~만월봉~응복산~약수산을 거쳐 구룡령까지 가는 23km이다.

오대산五臺山의 다섯 봉우리는 주봉인 비로봉(1,563m)을 중심으로 동서남북으로 상왕봉(1,485m), 두로봉(1,421m), 동대산(1,433m), 효령봉(1,560m)이다. 다섯 봉우리가 원을 그린 모습이 흡사 연꽃을 닮았다고 하여 오대산이라는 이름이 유래하였다고 한다. 동대산~차돌백이~신선목이~두로봉을 거쳐 신배령으로 내려가는데, 응복산鷹伏山(1,360m) 너머로 아득하게 보이는 설악산에 가슴이 떨린다.

만월봉을 거쳐 매가 엎드린 형상을 하고 있는 응복산에 오른다. 마늘봉을 거쳐 1264봉을 오르는데 오늘 오른 산 중 가장 가파른 경사인지라 다리가 툴툴거린다. 금강초롱꽃이 지천인 약수산을 넘어 구룡령에서 민박집 트럭으로 홍천군 내면 광원리로 이동한다. 저녁으로 삼겹살을 먹는데

**구룡령 산행 전. 생태이동통로를 지나
설악산이 보이는 조망처에서 바라본 아침 설악산**

주인아저씨가 오대산에서 딴 귀한 능이를 줘서 살짝 데쳐 먹으니, 입안에
향이 가득 퍼지면서 부드럽게 넘어간다.

**제60구간**(땅끝 백두대간 32구간)
구룡령 – 갈전곡봉 – 조침령/23.6km/10시간 54분

### 홍천·인제 삼둔사가리를 지나다

9월 21일, 새벽 6시에 민박집 트럭으로 구룡령을 향해 달리다 "어제 약
수산에서 조망처를 지나쳐 설악산 사진을 못 찍었어요"라고 했더니, 민
박집 주인이 구룡령 생태이동통로를 지나 설악산이 보이는 곳에 내려준
다. 일출 전이라 설악산 하늘이 빨갛게 물들었다. 주인의 배려 덕분에 정

조침령 두메산골 민박
주인 부부와 맛있는 저녁을 먹으며
산행 피로를 풀었다.

신없이 사진을 찍는다.

　구룡령에서 6시 40분부터 산행을 시작한다. 산행코스는 갈전곡봉(1,204m)에 올라 968.1봉~1080봉을 거쳐 조침령까지 가는 23km로 '삼둔사가리' 일부를 지난다. '삼둔'은 '산기슭에 자리 잡은 평평한 둔덕'으로 홍천 내면의 살둔, 월둔, 달둔을 말한다. '사가리'는 '계곡가의 마을 네 곳'으로 인제군 기린면의 아침가리, 연가리, 적가리, 명지가리이다. 갈전곡봉을 지나 왕승골 안부에 도착하니 좌측으로 조경동朝耕洞이라는 표지판이 있다. 한자를 풀면 '아침가리'란 뜻이 된다.

　점심을 먹고 연가리골 샘터를 거쳐 많은 재와 봉우리를 넘는다. 이미 두 번이나 이 길을 걸었지만 생소한 것이 특징적인 바위나 봉우리가 없기 때문인 것 같다. 걷다 힘이 들면 오늘 새벽 영국 프리미어리그 축구경기에서 4골을 넣은 손흥민의 동영상을 보며 힘을 내본다. "가자! 흥민아!"라고 소리 지르니 힘이 솟구친다.

　쇠나드리고개를 넘어 조침령에 도착한다. 임도와 도로를 탄 끝에 양양군 서면 서림리의 두메산골 민박에 도착한다. 주인 부부와 함께 겸상으로 저녁을 먹고 차를 마시며 이런 외진 곳에 살게 된 연유를 물으니, "서림리에 살 때는 2층짜리 큰 집에서 살았어요. 저희가 이산가족인데, 어느 날 브로커를 통해 북한 청진에 사는 가족들에게 연락이 왔었죠. 이후 중국에서 가족들을 몇 차례 만났고, 가족들을 금전적으로 돕다 보니 집과 농토를 팔게 되었어요. 그래도 가족들을 도와준 것을 후회하지 않아요"라고 말한다. 주인 부부의 말씀에 이산가족의 아픔이 느껴진다. 내일 새벽 3시 40분에 주인아저씨 차로 조침령 터널까지 가기로 약속하고 일찍 잠자리에 든다.

### 제61구간(땅통 백두대간 33구간)
조침령 – 점봉산 – 한계령/25.3km/13시간 11분

#### 한계령에서 끝난 5일간의 130km 종주

9월 22일, 새벽 2시 40분 일어난다. 이렇게 서두른 이유는 과태료를 부과하는 단목령 초소를 일찍 통과하고 한계령에 오후 4시까지 도착하기 위해서다. 아침을 먹고 3시 40분 민박집 차로 1km 거리의 조침령 터널 입구에서 내려 산행을 시작한다. 산행코스는 북암령~단목령~오색 삼거리~점봉산~망대암산~1158봉을 거쳐 한계령까지 가는 25km이다. 하늘에서 별이 쏟아지고 있다. 새벽 산행이라 거미줄이 계속 얼굴에 걸린다. 중간에

새벽 2시 40분 일어나 3시 40분 산행을 시작한 마지막 날. 산중에서 동트는 동해의 비경을 마주했다.

한계령 암릉에서 바라본 가리봉.
암릉과 초록의 야생화가 어우러진 모습이
그림 같은 풍경을 연출한다.

빵을 먹으려는데 입술이 부르터서 아프다. 단목령을 8시 7분에 통과한다.

이른 점심을 먹고 오색 삼거리를 지나 점봉산點鳳山(1,426m)에 오르는데 갑자기 구름이 밀려온다. 길가엔 금강초롱꽃이 지천이다. 이 꽃은 우리나라에서만 볼 수 있는 희귀식물인데, 오늘 나의 길벗이 되어준다. 정상에 오르니 구름 때문에 지척인 대청봉이 보이지 않아 안타까운데 용담이 군락지를 이루고 있어 그나마 위로가 된다.

아찔한 암릉 산행 끝에 도착한 한계령. 5일간의 130km 금수강산 순례를 마친다.

망대암산望對岩山(1,231m)~12담 계곡 갈림길~UFO바위~1158봉을 거쳐 한계령 암벽을 탄다. 절경이다! 기묘한 바위들이 발걸음을 계속 잡는다. 우회길이 있지만 밧줄을 잡고 올라가 사진을 찍는다. 나무로 된 발받침 지주목을 딛고 내려와 '이제 다 내려왔구나!' 방심하는 순간 길을 잃는다. 4시까지 한계령에 도착할 계획이었지만 위험한 암릉이니 서두르지 말자고 나를 다독인다.

한계령 지킴터를 무사히 통과하여 한계령에서 택시를 타고 원통터미널로 간다. 17시 50분 동서울행 버스를 타고 터미널에 도착하니 광주행 19시 50분 막차가 떠났다. 강변역에서 전철을 타고 수서역에서 내려 저녁을 먹는다. SRT를 타고 광주송정역에 내려 집에 도착하니 자정이 넘었다. 현관문을 여니 아내가 걱정이 가득한 얼굴로 서 있다. 아내가 "모자 좀 벗어봐요" 한다. 모자를 벗고 아내에게 "괜찮지?"라고 했더니, 아내가 안쓰러운 얼굴로 "수고했다"고 한다. 배낭을 정리하고 잠자리에 누워 있자니 집안의 모든 것이 정겹고 소중하게 느껴진다.

이번 산행은 '취미산행'이 아닌 '일'처럼 진행한 일정이었다. 단백질을 보충하기 위해 점심때마다 참치 통조림을 김치와 함께 먹었으며, 하산해서는 술도 마시지 않았다. 이것으로 5일간 130km의 금수강산 순례를 마친다. 다음 산행은 총 4구간이 남아 있지만, 무리하지 않기 위해 10월 중순쯤 한계령~진부령까지 2일간 백두대간 구간을 먼저 마치고, 10월 하순쯤 진부령~통일전망대까지 2일간 땅통종주 졸업산행을 할 계획이다.

## 땅끝에서 통일전망대까지 ⑲ 설악산 구간·고성 통일전망대 도착

# 설악산 넘어 통일전망대에서 1,350km 종주를 마치다!

'땀'과 '의미'가 녹아든 길이었다. 땅통종주 마지막 여정은 두 차례에 걸쳐 진행되었다. 10월 중순 이틀 동안 한계령에서 설악산을 넘어 진부령에 도착했고, 10월 말 아내 등 열 명이 동행하여 이틀간 죽변산과 동해 해파랑길을 걸어 마침내 종착점인 통일전망대에 도착했다. 빨리 통일이 되어 백두산과 두만강까지 한반도 금수강산을 누빌 날을 고대한다.

땅끝종주 대단원의 마지막 구간인 설악산을
지나는 중 만난 저항령과 황철봉의 운해

## 제62구간 (땅끝 백두대간 34구간)
한계령-설악산 대청봉-미시령/27.8km/17시간 33분

### 새벽에 출발한 설악기행

10월 11일, 광주광역시에서 버스로 동서울을 거쳐 인제군 원통에 도착하여 저녁을 먹고, 새벽 산행을 위해 일찍 잠자리에 든다. 10월 12일, 새벽 2시에 일어나 택시로 한계령에 도착하여 3시 10분부터 산행을 시작한다. 산행코스는 한계령 삼거리~끝청봉~중청대피소~대청봉~소청봉~희운각대피소~공룡능선 1275봉~마등령~저항령~황철봉을 거쳐 미시령까지 가는 27km이다.

한계령 삼거리를 지나 하늘을 보니 구름 사이로 달과 별이 보인다. 헤드랜턴을 켜고 땅만 바라보며 걸으니 구부러진 나무에 머리를 자주 부딪

중청대피소로 내려가는 길.
가을에 물든 능선 길이 아름답다.

친다. 끝청봉에 도착하니 대청봉 너머로 일출이 시작되고 있다. 중청대피소를 거쳐 남한에서 한라산, 지리산 다음으로 높은 설악산 대청봉(1,708m)에 오른다. 『동국여지승람』에 의하면 설악산이란 명칭은 '한가위에 덮이기 시작한 눈이 하지에 이르러 녹는다' 하여 설악雪嶽이라 이름 짓게 되었다고 한다.

중청대피소. 새벽 녘 산행을 시작한 덕에 대피소에서 아름다운 일출을 맞는다.

대청봉~중청대피소~소청봉을 지나 다리를 건너 희운각대피소에 도착한다. 원래 대간길은 대청봉에서 희운각대피소로 뻗은 능선인데, 소청봉으로 길을 내다보니 이렇게 물을 건너게 되

붉은 단풍과 신선대가 어우러진 모습

대간길 능선에서 바라본 설악산의 그림 같은 풍경. 사진 중앙부에 천불동 계곡이 보이고, 좌측 멀리 울산바위가 우뚝 솟았다.

어 아쉽다. 희운각대피소 야외탁자에서 아침을 먹고 물 보충 후, 무너미 고개를 거쳐 신선봉에 오른다. 산행 오기 전 손경석의 『설악산』을 읽고, 선답자 후기를 보고 온 까닭인지, 공룡능선 전경이 한눈에 들어온다. 조망처만 나오면 사진을 찍는다. 노인봉을 거쳐 공룡능선 1275봉 정상에도 오른다. 정상에 올라 설악산 절경과 공룡바위 사진을 찍다 보니 '위험한 곳도 오르는 방법을 미리 공부하고 오니, 이렇게 쉽게 오를 수 있구나' 하는 생각이 든다.

## 백두대간 최고난도 구간

큰새봉~나한봉~마등령을 거쳐 저항령을 향해 가는데 일명 걸레봉(1250봉)이라는 너덜겅이 다리를 팍팍하게 한다. 어제 잠을 설쳐서인지 저항령을 거쳐 황철봉 너덜겅을 오르는데, 왼쪽 다리에 쥐가 올라온다. 한 해 한 해 몸이 달라지는 비애다. 회갑도 지났으니 이제 무리한 산행은 그만둬야겠다고 자책한다. 넘어지지 않으려고 새색시처럼 조심조심 발걸음을 옮긴다.

오후 5시경 하산하겠다는 남편이 6시에도 전화가 없자, 아내로부터 전화가 온다.

"지금 너덜겅을 타고 있는데, 7시는 넘어야 도착할 것 같아요."

"위험하니 천천히 조심해서 넘으세요."

아내에게 상황을 얘기하고 전화를 끊는다. 그러나 밤이라 자주 길을 잃어 오로지 너덜길에 매단 줄과 표시기를 의지하여 겨우겨우 길을 찾는다. 너덜길을 벗어나 어두운 숲속으로 들어서자 이제는 멧돼지를 만날까 두렵다. 사람의 흔적을 알리려고 유튜브에서 신나는 노래를 찾아 튼다.

밤 8시 30분경 미시령 옛길 정상에 도착했는데 철문이 열쇠로 채워졌고, 도로가에도 철조망이 처져 있다. 택시기사에게 전화했더니 여름 태풍으로 도로가 유실되어 택시를 만나려면 미시령에서 원통 방향 도로를 3km가량 걸어 내려와야 한단다. 철망을 따라 500m쯤 내려오니 날카로운 철망 윗부분이 젖혀져 있어 넘는다. 대간 등산객이 넘은 것 같다. 무사히 하산해서 도로를 타고 내려가고 있다고 아내에게 전화하고 택시기사를 만난다.

"기사님 늦어서 미안합니다. 너덜겅 구간에서 다리에 쥐가 올라와 혼났습니다."

9시 30분경 원통에 도착하여 식당을 찾아보았지만 문을 연 곳이 없다.

포기하고 편의점에 가는데 야식을 파는 곳이 있다. 아침 점심을 즉석밥에 김치만 먹어 식당 밥이 그리웠는데, 구수한 된장국에 따스한 밥을 먹으니 이제 살 것 같다. 숙소로 돌아가는 길에 편의점에 들러 내일 아침과 점심으로 먹을 라면과 즉석밥을 산다.

숙소에서 샤워하고 나니 11시다. 새벽 4시 30분에 알람을 맞추고 침대에 누웠는데, 서정주 시인의 '국화 옆에서' 중 "한 송이 국화꽃을 피우기 위해 천둥은 먹구름 속에서 또 그렇게 울었나 보다"가 떠오른다. 천둥과 먹구름 속에서도 한 송이 국화꽃을 피우듯, 역경을 딛고 오늘 산행을 잘 마무리해 기쁘다. 설악산 구간은 백두대간 코스 중 최고난도 구간 같다.

**제63구간**(땅통 백두대간 35구간)
미시령 – 신선봉 – 진부령/19.6km/10시간 49분

### 진부령에서 끝난 남한 백두대간

새벽 4시 30분에 알람을 맞춰놨는데, 4시에 눈이 떠져 남은 30분간 어제의 산행을 메모한다. 식사 후 어제 이용한 택시를 탔는데 기사가 아침 인사를 건넨다.

"몸은 괜찮으세요?"

"괜찮습니다. 좋아서 하는 일이라 눈도 일찍 떠졌습니다."

태풍으로 도로가 통제되어 미시령 3km 전방에서 내려 오르막 도로를 걷는다. 산행코스는 미시령~상봉~신선봉~대간령~마산봉을 거쳐 진부령까지 가는 19km이다.

미시령에 도착하니 아침 해가 뜬다. 상봉으로 오르는 길은 아프리카돼지열병을 막기 위해 철조망을 쳐놨으나 다행히 출입문에 열쇠가 채워져 있지 않다. 암릉 조망처에서 굽이도는 미시령 도로, 설악산, 울산바위를

상봉 조망처에서 바라본 미시령고개.
미시령은 굽이치는 도로가 특징이다.

남한 백두대간의 끝 진부령 도착. 배낭을 올려놓고 인증사진을 찍었다.

바라보며 고즈넉한 아침 만추를 즐긴다.

상봉~화암재를 거쳐 구름 덮인 신선봉에 오른다. 신선봉과 헬기장을 거쳐 대간령大間嶺으로 하염없이 내려간다. 대간령은 고성군 토성면과 인제군 북면 사이에 위치한 고개로 '샛령' 혹은 '새이령'이라고 부르는데, '진부령과 미시령 사이(間)'라는 한자에서 파생된 한글 지명이다.

힘겹게 890봉을 올라 너덜겅이 많은 암봉(889m)~병풍바위~마산봉을 거쳐 흘리마을에 도착한다. 흘리마을 이름은 '산 우뚝할 흘屹' 자를 쓰는데, 풀이하면 '주변이 높

3부 이화령에서 통일전망대까지 241

은 산으로 둘러싸인 마을'이라는 뜻이다.

백두대간 종주공원을 거쳐 남한 백두대간의 종착지인 진부령에 도착, 세 번째 백두대간 종주를 마친다.

진부령에 다다르니 이제야 구름이 걷혀 향로봉 정상의 둥그런 흰 구조물이 보인다. 빨리 통일되어 백두산까지 완전히 종주하는 날을 꿈꿔본다. 운 좋게 진부령에서 원통까지 군내버스를 탄다. 원통에서 저녁을 먹고, 동서울행 버스에 몸을 실으며 2박 3일의 산행을 마친다.

**제64구간**(땅통 백두대간 36구간)
흘리 – 죽변산 – 가진항/26.5km/12시간 55분

### 거친 산길을 산우와 함께

이번 일정은 일명 '땅통종주 졸업산행'이다. 아내와 여동생 부부(나인애·최성진), 산우들이 함께한다. 인터넷에서 첫날 산행 후기를 찾아보니 길이 많이 거칠다. 번뜩 떠오르는 사람이 김신중(산주)이다. 같이 가자고 전화하고 '일정표'를 작성하면서 신중이에게 '산행 리딩'을, 매제한테 '숙소·식당 예약'을 맡긴다. 고맙게도 고문님 두 분도 동행해 주신다고 한다.

개척 산행의 의미를 살리기 위해 산봉우리 표지판(이하 표지판) 제작에 들어간다. 10월 30일 금요일 12시 30분에 나의 승용차로 광주에서 출발한다. 오후 6시에 인제군 북면 원통리에 도착하여 숙소에 여장을 풀고 삼겹살로 저녁을 먹는다.

10월 31일, 새벽 3시에 일어나 편의점에서 아침을 먹고, 택시로 고성군 간성읍 흘리(알프스리조트)에 도착하여 4시 40분부터 산행을 시작한다. 산행 코스는 마산봉~779.7봉~857.6봉~753.2봉~죽변산(680.3m)~명우산~오음산~두백산을 거쳐 가진항까지 가는 26km이다. 아내는 날머리 가진항

가야 할 길을 설명하는 김신중 산우.
많은 인원이 참여한 땅통종주 졸업산행에서
필자에게 큰 도움이 되었다.

에서 만나기로 한다. 오늘 산행 참여인원은 네 명이다. 광주광역시 나사모의 박병연(피노키오), 박상두(견하), 김신중(산주)이 동행한다.

보름이라 휘영청 둥근 달이 떴다. 헤드랜턴을 켜고 가파른 마산봉을 오른다. 마산봉에 올라 신중이가 나뭇가지에 '땅통종주 마산봉 1,052m 카프리' 표지판을 매단다. 표지판은 부산의 '준희' 님이 부착한 하얀 포맥스 재질을 참조해 제작했다. 이어서 어두운 산길로 들어선다. 선두는 신중이가 리딩한다. 칠흑 같은 산길이지만 산우와 같이 걸으니 안심이 된다. 동행해 준 세 분께 감사하다.

## 산봉우리 표지판의 작은 소망

잡풀을 헤치며 마산봉의 급한 내리막 너덜겅을 지난다. 조심조심 발을 디디며 안부에 내려서니 나무 사이로 일출이 시작된다. 일출을 뒤로하고

오음산은 잡목과 가시넝쿨이 많아
오르는 길이 쉽지 않았다. 고생 끝에 마주한
오음산에서 바라본 죽변분맥 조망

779.7봉~857.6봉~753.2봉을 거쳐 죽변산竹邊山(680.3m)에 오른다. 발 빠른 신중이가 지나온 봉우리마다 철사로 '표지판'을 나뭇가지에 매단다.

병연 형님이 조용히 다가와 "신중이를 잘 섭외했네"라고 하신다. 신중이가 같이 오지 않았다면 운전, 산길 찾기, 표지판 부착에 애로를 겪었을 것이다. 죽변산에서 되돌아보니, 걸어온 산 너울이 장쾌하다. 설악산도 보인다. 하산하다 중턱 전망바위에서 동해 가진항까지 뻗은 야산길에 대하여 신중이로부터 설명을 듣는다. 소가 누운 모습의 명우산鳴牛山(335.5m)을 바라보며 라면과 즉석밥을 먹는다. 단풍도 곱고, 산 벗과 함께하니 밥맛이 좋다.

325.9봉~명우산~240.5봉(삼각점)~태양광발전소를 거쳐 잡목투성이인

두백산에서 바라본 송지호와
왕곡마을(국가민속문화재 제235호)

오음산(281.7m)에 오른다. 오음산에서 두백산頭伯山(225m)까지 험한 가시넝쿨 속을 헤치며 두백산 등산로에 접어드니 비로소 정비된 길이 나온다. 오늘 12장의 '표지판'을 나뭇가지에 매달았다. 죽변산 외에는 전혀 표지판이 없는 길이었다. 표지판에는 카프리 외 참가자 네 명의 닉네임도 적었다. 표지판을 붙인 작은 정성이 등산객을 끌어모아 '땅끝종주'가 '남한 최장거리 종주길'로 거듭나길 소망한다.

두백산에서 동해바다와 송지호, 왕곡마을(국가민속문화재 제235호)과 설악산, 오늘 걸어온 산을 감상한 뒤 해파랑길을 걸어 동해 가진항에서 첫날 산행을 마친다. 차로 마중 나온 아내가 횟집으로 안내한다. 그곳에서 일산에서 온 여동생 부부와 최정윤·전은미 부부, 여동생 친구인 박서현을 만나

3부 이화령에서 통일전망대까지 245

식사를 한다. 저녁은 매제(최성진)가 찬조했다. 펜션으로 이동하여 간단하게 정담을 나누고, 내일 새벽 산행을 위해 일찍 잠자리에 든다.

**제65구간**(땅통 백두대간 37구간)
가진항 – 응봉 – 통일전망대/36.3km/9시간 57분

### 같이 걸은 해파랑길

11월 1일, 새벽 4시에 모닝콜이 울린다. 산행채비를 하고 아내가 운전하는 승용차로 가진항으로 이동한다. 산행코스는 해파랑길 48·49·50구간이며, 48구간은 가진항~남천교~북촌철교~거진항까지 16.6km이다. 참여자는 광주 남성 네 명과 매제다. 헤드랜턴을 켜고 해파랑길을 걷는다. 동해를 바라보며 도란도란 얘기하며 걷는데, 매제가 "〈사람과 산〉

해파랑길 49구간에서 줄지어 화진포로 내려서고 있는 산우들. 다 같이 웃고 얘기하며 걷는 산길이 즐겁다.

땅통종주 후기를 매달 읽으며, 한 번이라도 함께하고 싶어 최근 등산화를 새로 샀네요"라고 한다.

48구간을 마치고 거진항에 열 명이 모여 아침으로 매운탕을 먹고, 해파랑길 49구간을 시작한다. 49구간은 화진포가 내려다보이는 응봉~김일성 별장~대진항을 거쳐 통일전망대 출입신고소까지 가는 12.3km 코스이다. 신중이가 거진항 등대 초입과 삼각점이 있는 응봉(126.5m) 나뭇가지에 '땅끝 – 통일전망대 산길 1,350km 카프리' 표지판을 붙인다.

웃고 얘기하며 걷는 산길이 즐겁다. 화진포가 보이는 응봉 정상석에서 화진포를 배경 삼아 사진도 많이 찍는다. 화진포는 '산에서 흘러 내려온 고운 모래가 넓은 백사장을 만들고, 만灣 입구까지 가로막아 생긴 석호潟湖'로 강원도에는 강릉의 경포호, 고성의 송지호, 속초의 영랑호, 청초호가 있다. 대진항에서 물회와 생선회로 점심을 먹는다. 오늘 아침은 매제가, 점심은 최정윤 사장이 찬조했다.

### 통일전망대에서 마침표를 찍다

통일전망대 출입신고를 한 후, 승용차 두 대로 제진검문소를 거쳐 통일전망대까지 이동한다. 새로 준공된 3층 전망대에 올라 해금강을 구경하고, 다시 2층 전망대로 내려와 며느리(정지은)가 만들어준 플래카드를 잡고 사진을 찍는다. 며느리는 11월 14일 건강한 사내아이를 출산했다.

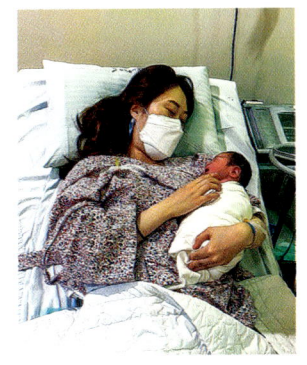

플래카드에는 "나종대의 땅통종주 완주를 축하합니다! 해남 땅끝부터 고성 통일전망대까지 1,350km 대장정의 마침표!"라고 쓰여 있다. 통일이 되면 금강산을 거쳐 백두산, 두만강까지 종주하는 꿈을 꾸지만, 나이

땅통종주 졸업산행은 열 명의 친구, 가족이 함께해 주었다.
곧 출산을 앞둔 며느리가 멋진 플래카드를 만들어주어 기념사진을 찍었다.

는 먹어가고 체력은 떨어져 가니 안타까울 뿐이다.

땅끝에서 통일전망대까지 무사히 종주를 마칠 수 있었던 것은 아내의 내조가 큰 몫을 했다. 교통, 숙박, 식비로 많은 돈이 지출되었는데 묵묵히 지켜봐 주고, 원고 내용도 조언해 주었다. 또 다른 성공 요인은 매주 월요일마다 '나종대 1주간 계획'을 작성했다는 것이다. 출력해서 화이트보드에 붙여놓으면, 1주일 동안 할 일

19회에 걸친 땅통종주 연재 글이 탄생한 필자의 서재. 새벽부터 일어나 사진과 원고를 정리하며 땅통종주를 준비했고, 〈사람과 산〉에 글을 기고했다.

이 생겨 마음이 안정되었다.

  청소년 시절부터 마음먹었던 '한 권의 책'을 위해 세 번의 백두대간 땀의 길을 걸었다. 새벽에 일어나 사진과 원고를 정리하며 아내가 준비해준 구운 빵과 커피, 과일로 아침을 먹는다. 통일전망대 앞의 북한 땅, '351 고지' 전투가 궁금하여 이틀 동안 『6·25 전쟁사』를 읽어서인지 갑자기 조수미 씨가 부른 가곡 '그리운 금강산'이 생각나 유튜브를 켰는데, 주책없이 아내 앞에서 눈물을 보이고 말았다.

  이것으로 땅끝종주 대단원의 막을 내린다.

**인터뷰**

1,350km 땅통종주 최초 단독 종주한 나종대 씨

## "통일 되면 백두산을 거쳐 한반도 끝까지 걸을 터"

글·문예진 기자 / 사진·정종원 기자

"백두대간을 종주한 산악인은 많지만, 대간길에서 그 끝을 넘어 길을 더 나아간 이들은 많지 않습니다. 백두대간의 양쪽 끝에서 남한의 끝까지, 더욱 긴 길을 걷고 싶었습니다."

최장거리 산행 종주길 '땅통종주'가 탄생했다. 땅통종주는 해남 땅끝기맥을 시작으로 호남정맥과 백두대간을 지나 해파랑길을 걸어 고성 통일전망대에 이르는 1,350km의 산행 길이다. 이 길을 직접 기획한 나종대(60. 나사모 산우회) 씨는 시작점인 '땅끝'과 도착점인 '통일전망대'의 앞 글자를 따서 길 이름을 '땅통종주'라고 명명했다.

나종대 씨는 땅뚱종주를 총 65개 구간으로 나눴으며, 기획과 동시에 직접 종주를 시작했다. 매달 2~4개의 구간을 2~5일의 일정으로 진행하는 것을 목표로, 지난 2019년 4월 14일, 해남 땅끝에서 땅뚱종주 북진 도전의 시작을 알렸다. 이후 2020년 11월 1일, 1년 8개월여 만에 강원도 고성 통일전망대에 도착하며 새로운 길의 탄생을 최초의 완주자로서 증명했다.

### 1년 8개월 연재의 마침표

"한반도 역사지리와 어우러진 종주 책자 발행이 궁극적인 목표입니다. 시중에 각종 산악 관련 서적이 있는데, 저는 차별화된 이야기를 담고 싶었습니다."

나종대 씨는 5년여 전 산악회를 따라 처음 백두대간(2012~14)을 종주했다. 이후 다음 해 봄, '백두대간 책자 출간'을 목표로 백두대간 단독종주(2015~16)를 진행했다. 단독종주 당시 그는 틈틈이 원고를 작성하였고, 종주 이후 최종원고를 출판사로 보냈다. 하지만 출간은 생각보다 쉽지 않았다. 이후 출판사로부터 엄청난 양의 추가 원고와 수정 요청이 있었는데, 그에게는 이런 과정이 새로운 글을 쓰는 것보다 힘들었고, 과정이 길어질수록 백두대간보다 조금 더 차별화된 이야기로 새로운 집필을 하는 게 좋을 것 같다는 생각이 들었다.

새로운 도전과 새로운 글에 대한 열망이 생기자, 그는 잠시 집필을 멈췄다. 그의 새로운 도전은 '땅뚱종주'였고, 이번에는 지난 두 번의 종주와 다르게, 산행과 동시에 본인의 실시간 도전기를 관련 매체에

기고하는 것을 목표로 하였다. 어느 글과 사진을 지속적으로 보완하며 기록 작업을 진행할 수 있고, 홍보 효과도 얻을 수 있는 일석이조의 방법이었다.

한반도 최남단 땅끝에 서다.

"〈사람과 산〉에 처음 문을 두드렸을 때, 강윤성 편집장님께서 원고와 사진의 질에 대해서 걱정이 많으셨습니다. 편집장님의 평가는 독자의 시선과 같다고 생각했기 때문에, 주눅 들기보다는 오히려 말씀해 주신 부분을 발전시켜야겠다고 생각했고, 바로 행동으로 옮겼습니다."

그는 여러 매체를 고려하다 자신의 도전기와 가장 잘 맞는 곳으로 본지 월간 〈사람과 산〉을 선정했다. 이후 A4용지 20장에 달하는 기획안을 만들어 기고 요청을 보냈으나, 그에게 돌아온 것은 아쉬운 피드백이었다. 하지만 그는 포기하지 않았다. 글쓰기 강좌를 수강하며 글의 기초를 다졌고, 전문 카메라를 구매하며 사진 공부에 매진했다. 마침내 연재 제안이 승낙됐고, 〈사람과 산〉 2019년 6월 호에 땅통종주 첫 연재 기사가 실렸다.

"사진은 저의 전문 분야가 아니었기 때문에, 공부에 더욱 많은 시간이 필요했습니다. 또한, 항상 땅끝종주를 떠나기 전에 이번 구간에서는 어떤 곳이 사진이 잘 나오는지, 사전조사와 예습을 꼼꼼히 했죠. 같은 장소를 찍은 전문가의 사진을 찾아보기도 했고요."

### 완벽한 계획과 확신

땅끝종주의 성공적인 완주를 위해 나종대 씨는 매주 계획서를 작성하며 도전을 진행했다. 평생 한 직장(한국수력원자력)에서 근무하며 다진 꼼꼼한 습관은 그의 추진력에 큰 도움이 되었다. 나종대 씨는 작은 것 하나도 긴 고민 끝에 계획서에 기록하며 계획의 완성도를 높였다. 땅끝종주는 그의 수많은 고뇌 끝에 탄생했다고도 할 수 있다.

"계획의 실행률이 90% 이상이었습니다. 욕심부리지 않고 항상 제 능력에서 실현 가능한 만큼만 계획했죠. 충분한 검토 후에 작성한 만큼, 종주를 기필코 해낼 거라는 자신감이 있었습니다."

나종대 씨는 땅끝종주의 준비과정을 크게 4개의 전략으로 구성했다. 4개의 전략은 건강·멘탈 관리와 홍보 활동, 산행기록을 위한 공부와 아내를 위한 노력으로 나뉘는데, 그는 땅끝종주가 장기간의 쉽지 않은 여정인 만큼, 아내에게 믿음과 신뢰를 주는 게 그 어떤 준비보다 중요하다고 생각했다. 고민 끝에 그는 세부전략으로 '감사 표현, 대화 자주 하기, 가사 돕기, 하루 1회 이상 유머 던지기' 등을 계획하며 만반의 준비를 했다.

"다행히 계획대로 실천한 덕에 아내가 제게 쓴소리를 하거나 땅끝종주 중 반대를 한 경우가 없었어요. 아내는 저의 가장 든든한 지원군이었습니다.(웃음)"

### 쉽지 않았던 꿈의 여정

꿈의 여정이 마냥 즐겁고 행복하지만은 않았다. 나종대 씨는 땅끝기맥의 정돈되지 않은 등산로와 험준한 산세를 지나며 시작부터 적지 않은 고생을 했다. 시골 마을을 지나는 중 맹견들을 만나 일촉즉발의 상황을 겪기도 하고, 추위와 어둠 속에서 위험한 산행을 이어간 적도 많다. 때로는 4~5일간 100km가 넘는  산행을 연속으로 이어가며 체력의 한계에 부딪히기도 했다.

"땅통종주 초반에 마을을 지나는 중, 서너 마리의 맹견을 만난 적이 있어요. 살벌하게 짖으며 달려들려고 하는데, 등산스틱을 아무리 휘둘러도 도망가지 않더군요. 맹수가 따로 없었죠. 이후로 마치 트라우마처럼 개 짖는 소리만 들리면 목줄이 있는지부터 확인했습니다. 경각심을 갖게 됐죠."

2년여간 땅통종주에 몰두했던 나종대 씨. 긴 도전의 끝에 허탈함이 있을 법도 하지만, 그의 도전은 아직 끝나지 않았다. 땅통종주 책 출간을 위한 원고 작업을 진행 중인 요즘, 그는 동시에 다음 여정을 위한 청사진을 그리고 있다. 도별 100대 명산 산행 및 책자 발행, 산악 작가, 사진 전문가 등… 그중 그가 가장 바라는 것은 언젠가 통일이 되어 백두산을 거쳐 한반도 끝 온성까지 걷는 것이다. 치열했던 지난 시간을 천천히 곱씹던 그는 마지막으로 〈사람과 산〉과 독자들에게 고마운 마음을 전하며 인터뷰를 마쳤다.

"땅끝종주와 〈사람과 산〉 연재를 함께 진행함으로써 도전과 기록에 나태해지지 않을 수 있었습니다. 앞으로의 행보도 지켜봐 주시기 바랍니다. 고맙습니다."

## 청옥산 무상 고요

다홍 이질풀꽃 만발
청옥산 봉우리

무상 고오
발걸음 떼어놓기가 겁난다
물방울 깨뜨려질까 봐

나는 흑포도 한 알을
단에 올렸다

— 최명길 시집 『산시 백두대간』 중에서

『산시 백두대간』은 최명길 시인(1940-2014)의 유고 시집이다.
시인은 책의 서문까지 써놓고 발간을 보지 못한 채 타계했다.
강릉에서 출생한 시인은 강릉사범학교와 경희대학교 교육대학원을
졸업했으며, 초등교사로 재직했다. 2002. 6. 17.~7. 26일까지 40일간
동료 세 명과 지리산 천왕봉에서 출발하여 진부령까지 큰 배낭을 메고
백두대간 735km를 연속 종주하면서 백두대간 봉우리마다 시 한 편씩
총 141편을 썼다. 그 후 10년 동안 시와 산경山經을 정리하다
향년 75세에 별세하였다.

버킷리스트 #1　**부록 1**

# 지리산 태극종주 90.5km 경험담

## 1. 버킷리스트

버킷리스트는 죽기 전 꼭 해보고 싶은 일을 적은 목록을 말한다. 높은 곳에 밧줄을 걸고 목에 밧줄을 맨 뒤 양동이(Bucket) 위에 올라가 양동이를 걷어차는 식으로 시도된 자살 방법을 일컫는 'Kick the bucket'에서 유래되었으며, 2007년 개봉한 잭 니콜슨과 모건 프리먼 주연의 할리우드 영화 '버킷리스트' 이후 널리 쓰이게 되었다. 영화는 암에 걸려 6개월 시한부 선고를 받은 두 노인이 병원 중환자실에서 만나 각자의 소망 리스트를 실현에 옮긴다는 내용이다.

J3클럽 배병만 방장이 처음 개척한 '지리산 태극종주 90.5km'는 지리산 태극 모양 산길을 걷는 것으로 첫 번째 버킷리스트 실행이었다. 이 경험담을 책자에 넣는 것을 주저하다 '종이로 남긴 기록'만 영원하기에 고심 끝에 싣기로 한다.

오늘도 거대한 지리산과 설악산을 '처음부터 끝까지 걸어보기'를 소망하는 등산객이 많을 것이다. 꾸준히 산을 타면서 간절히 소망한다면 '완주라는 희열'을 맛볼 수 있을 것이다. 지리태극종주를 끝내자 나보다 일곱 살 많은 광주광역시의 내과원장님도 지리산 태극종주에 도전, 세 번 만에 성공하였다.

## 2. 산행

> **종주 개요**
> - 일시 : 2011. 10. 8.(토) 08:05 ~ 9.(일) 21:54
> - 날씨 : 맑고 바람 없음(천왕봉 2도, 주능선 10도, 웅석봉 15도)
> - 구간 : 산청군 시천면 덕산 사리마을 – 천왕봉 – 남원시 인월
> - 거리/소요시간 : 90.5km/37시간 49분

나이 오십에 접어들어 본격 등산을 시작했다. 40대에 테니스, 마라톤을 하다 보니 광주에서 가장 고수들만 모인다는 나사모 산우회에서 선두들과 산행할 수 있었다.

2011년 지리산 화대종주(46km), 지리산 북남종주(50km), 덕유산 대종주(50km), 지리산 왕복종주(56km)라는 '나사모 Big-4' 이벤트에 참여하여 지리산 종주의 로망으로 여기는 지리태극종주가 있다는 사실을 알게 되었고, 인터넷 카페에 올라온 산행 후기도 읽었다. 어떻게 '인간이 잠도 안 자고 90km를 걷느냐'며 중얼거리다 시도하게 되었다.

나사모 산행대장 김상태(컨디션) 산우와 함께 37시간 동안 가을날 지리산을 하염없이 거닐며 잠을 자지 않아도 피곤한 줄 몰랐다. 좋아하는 일이었기 때문이다.

남명 조식 선생의 '산천재' 사당이 있는 산청군 시천면 덕산 사리마을에서 아침 8시 5분 출발하여 웅석봉, 동부능선 왕등재 40km를 걸어 저녁

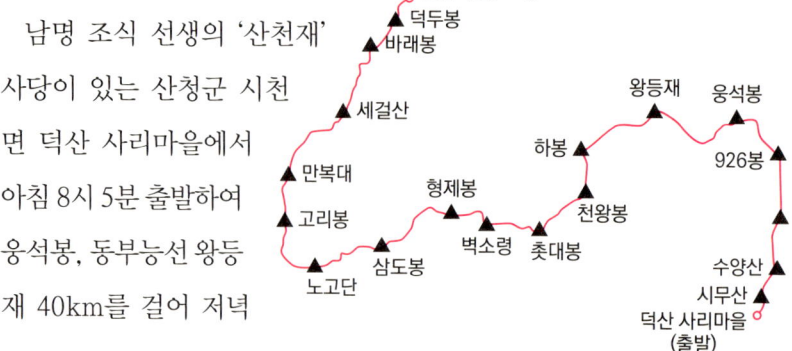

필자(좌측)와 김상태(우측)

천왕봉에서

11시 반 지리산 천왕봉에 올랐다. 천왕봉에 오르자 여기까지 힘들게 왔는데, 남은 50km는 절대 포기할 수 없다는 생각이 들었다. 휘영청 떠 있는 보름달 아래 산우와 서로 의지하며 지리 주능선, 서북능선를 걸어 다음 날 저녁 9시 54분 지리산 끝인 남원시 인월면 구 인월마을회관에 도착했다.

혼자서는 불가능한 길을 상태 동생 덕분에 무사히 완주함에 감사하며, 마중 나온 아내가 차려준 막걸리를 한 잔 마시며 지리산 태극종주를 완주한 '나'를 축하했다. 동행한 김상태 산우는 이번 산행으로 두 번째 지리태극종주를 달성한 180cm의 건장하고 훈남인 산꾼이다.

## 3. 경험담

지리산 주능선, 화대종주, 지리99골에 빠져들다 보면 지리산 마니아가 되어 지리태극종주라는 극한 산길을 기웃거리게 된다. 사실 몇 달간 목숨을 내놓고 도전하는 히말라야 8,000m 이상 설산에 비해, 언제든 3시간이면 탈출할 수 있는 지리산 태극종주는 쉬운 산행이라 할 수 있다. 그렇지만 산을 잘 타는 등산인도 35시간 정도 걸리는 산행인지라 나름 준비가 필요하다.

비록 10년 전 지리태극종주이지만 종주 후 나사모 산우회 카페에 올린 경험담이 있어 공유한다.

① 무릎 테이핑을 했더니 종주 다음 날 아침 전혀 무릎 통증이 없었다.
② 주간에는 왕습지 보호를 위해 국립공원 직원들이 근무할 수 있으므로 그 시간대를 피해야 한다. 나는 광주에서 새벽 5시에 출발, 8시에 산행을 시작하여 17시 45분 왕습지에 도착해서 단속직원을 만나지 않았다.
③ 급수 가능 지역은 동부능선은 밤머리재 포장마차(전날 영업하는지 전화 확인 필요), 청이당이고, 서북능선은 정령치 편의점, 바래봉 오르기 전 샘터이다. 주능선은 대피소와 선비샘 샘터 등 물이 풍부하다.
④ 헤드랜턴은 중요하다. 2개를 가져가고, 여분의 건전지도 준비해야 한다. 헤드랜턴은 최소 12시간 이상 사용해야 하기 때문이다. 사타구니 쓸림을 방지하기 위해 바셀린도 지참해야 한다.
⑤ 새벽 2시 세석대피소에 도착했다. 너무 졸려 마침 천왕봉 일출을 본다고 떠난 등산객이 있어 1시간 동안 따뜻한 룸에서 모포를 덮고 잤

맛난 음식을 준비하여 응원 산행 온 나사모 회원들과 함께

더니 몸이 풀리고 개운했다.
⑥ 본인 취향에 맞는 식사, 간식을 준비해야 한다. 행동식으로 준비하여 배낭 무게를 7kg 이하로 줄이면 좋을 것 같다.
⑦ 왕습지 지나 독바위까지와 청이당에서 천왕봉까지가 가장 어려운 오르막 구간이다. 동부능선은 알바(=길을 잃음)가 많이 발생하므로 미리 지형을 숙지해야 한다. 나의 경우 야간산행 때 걸은 지리 동부능선 구간과 서북능선 구간 산길이 많이 헷갈렸지만 상태 동생이 길눈이 밝아 한 번의 알바도 하지 않았다.
⑧ 지리산 태극종주는 체력 50%, 정신력 35%, 준비 15% 정도라고 생각한다. 선답자 산행기를 보며 꼭 완주하겠다는 정신력을 가다듬는 것이 중요하다.
⑨ 종주하기 위해서는 준비물을 빠뜨리지 않아야 하며, 비가 오지 않는 날을 택해야 한다. 종주해 보니 5월 말이나 10월 초가 종주하기 좋을 것 같다. 비가 조금이라도 내린다는 예보가 있으면 다음을 기약하는 것이 좋다. 지리산 1,500m대의 주능선은 비가 오면 바람도 심하게 불 수 있기 때문이다.
⑩ 정신력을 강화하기 위해 가까운 지인에게 종주 일정을 알리는 것도 유익하다. 종주 중에 카톡, 문자, 전화를 받으면 종주를 포기하기 어렵기 때문이다.

**부록2** 버킷리스트 #2

# 백두대간 1·2차 종주 후기

## 1. 1차 백두대간(나사모 산우회/남진)

### 1) 종주 후기

> **종주 개요**
> - 기간 : 2012. 6. 10. ~ 2015. 1. 5.(1개월에 1구간씩 32개월 소요)
> - 구간 : 32구간(진부령 – 설악산 – 지리산 – 중산리)
> - 요일 : 매월 둘째 주 일요일 실시
> - 거리/방법 : 735km/산악회 버스

버스에서 새우잠을 자며 백두대간을 무결석 완주했다. 나사모 산우회에서 매월 둘째 주 일요일마다 1개 구간씩 남진했는데, 광주 산꾼들이 대거 참여하여 대간 내내 대형버스가 만석이었다.

설악산, 두타산, 덕유산도 당일 종주했고, 눈 내린 겨울 희양산, 대야산, 속리산 암릉 구간도 순서를 바꾸지 않고 완주했지만, 설악산과 희양산 종주 때는 여성, 남성 회원이 탈진과 심장 이상으로 헬기를 부르기도 했다. 2014년 12월 지리산 종주는 허벅지까지 빠지는 폭설로 벽소령대피소에서 음정으로 중도 하산 후, 2015년 1월 5일 음정에서 중산리까지 잔

여구간을 마쳤다. 거대한 자연 앞에 인간은 왜소하다는 점도 느꼈다.

## 2) 백두대간 피드백

### ① 2012년/진부령에서 설악산을 거쳐 삽당령까지

백두대간은 2012년 6월 10일 첫 산행을 시작했고, 나는 총무로 봉사했다. 광주시 소재 산악회 중에서 나사모가 오랜만에 백두대간을 실시하다 보니 광주에서 처음 보는 산꾼들이 많이 왔다. 1개월에 한 구간만 실시하는 관계로 진도가 나가지 않아 답답했지만, 총무로 봉사해서 회원들에게 친밀하게 다가설 수 있었다.

남진 첫 구간은 단속 관계로 새벽에 미시령에서 전원 철조망을 넘어 진부령으로 진행했다. 7월 미시령~한계령 구간에서는 후미로 처진 여성회원이 한계령 삼거리를 지나자 탈진해서 어쩔 수 없이 헬기를 불렀다.

9~10월 가을철 백두대간의 아름다움에 매료되었고, 11월의 진고개~대관령 구간에서는 초겨울비가 흠뻑 내려 우비를 입고 산행했다. 12월 대관령~삽당령 구간은 강추위가 몰려와 광주의 산악회가 전부 산행을 쉰

속리산 암릉 구간 통과

광주대구고속도로 공사현장 통과

상태에서 나사모의 백두대간만 정상 진행했다. 대관령 기온이 영하 20도였고, 백두대간 능선은 영하 25도를 가리켰다. 눈을 뚫고 능경봉에 올랐으나 카메라가 얼어 사진을 찍을 수 없었다.

선두에서 러셀해 준 발자국을 따라 산행하여 전원 백복령까지 완주했지만, 얼굴에 동계마스크를 쓰지 않은 회원들은 안면 동상을 입기도 했다. 이렇게 2012년이 갔다.

### ② 2013년/삽당령에서 태백산, 소백산을 거쳐 버리미기재까지

남진함에 따라 신규회원이 계속 유입되어 거의 만차를 이루었기 때문에 먼거리를 이동하는 불편에도 대간 분위기는 화기애애했다.

이듬해 봄 함백산에서는 야생화, 태백산에서는 붉은 철쭉 산행을 했다. 8월 한여름 도착한 소백산은 '천상의 화원'이었다. 노란 마타리, 이질풀, 야생화에 붙어 있는 벌들이 우리를 미소짓게 했다.

9월 황장산에서 '멋진 일출'을 보았고, 포암산을 넘어 부봉, 신선암봉 바위가 가슴을 들뜨게 했지만, 12월 8일 이화령~희양산~버리미기재의 눈 덮인 31km 구간에서 남성회원 한 명이 심장마비로 쓰러져 심폐소생

술 후 헬기를 불러 후송하는 사고가 일어났다.

### ③ 2014년/버리미기재에서 속리산, 덕유산을 거쳐 지리산까지

2014년은 나사모 산우회 회장으로 봉사한 해였다. 1월에 눈 내린 대야산 100m 직벽을 넘고, 2월에는 눈 덮인 속리산 암릉 구간을 넘었다. 위험해도 구간 순서를 바꾸지 않고 계획대로 진행한 나사모 산우회가 자랑스러웠다.

9월에는 62명이 빼재에서 육십령까지 32km, 덕유산 구간을 완주했다. 12월 21일, 마지막 구간인 성삼재~천왕봉~중산리 구간은 폭설로 성삼재까지 버스 출입이 통제되어 당동마을에서 성삼재를 올라 허벅지까지 빠지는 폭설을 헤치며 진행했지만 회원들의 안전을 위해 벽소령대피소에서 음정마을로 중도 하산했다.

12월 23일, 계획대로 광주 서구 치평동 소재 호텔에서 성대하게 '백두대간 완주 기념행사'를 치르고 2015년 1월 5일, 음정에서 중산리까지 잔여 구간을 마무리했다.

폭설이 내린 지리산

백두대간 완주 기념행사

## 2. 2차 백두대간(한 권의 책을 위한 홀로 백두대간/북진)

> **종주 개요**
> - 기간 : 2015. 5. ~ 2016. 6.
> - 구간/거리 : 37구간/735km
>   - 2015. 5. ~ 10. : 지리산 → 대관령(31구간), 겨울은 위험해서 쉼
>   - 2015. 6. : 대관령 → 진부령(6구간)
> - 누구랑 : 홀로(가족, 산악회원이 6개 구간 동행)

### 1) 나 홀로 종주 배경

① 세상에 책 한 권 남기고 싶은 것이 어릴 적 꿈이었다. 청소년기에는 역사소설을 좋아하여 6·25에 대한 글을 쓰고 싶었다. 그러나 결혼하고 애를 키우다 보니 세월만 흘렀다. 지천명에 등산을 시작했고, 산악회 회원과 백두대간 1차 종주를 했다. 설악산에서 출발하여 무결석으로 지리산까지 종주했다. 후기도 썼으나 여럿이 거닐고 버스가 태워준 편한 길이라 추억이 많지 않다.

지리산에서 홀로 백두대간 출발

② 홀로 생각하며 걷고 싶었다. 자유를 느끼고 싶었다. 2015년 5월부터 주말마다 1박 2일로 2차 종주를 시작했다. 지리산에서 설악산까지였다. 홀로 산을 타며 너무 행복했다. 주로 민박을 했다. 그러나 야생동물이 무서웠고, 대중교통 편이 힘들었다. 경비도 많이 들었다.

※ 용기를 주는 한마디 : 2015. 5. 23.(토), 홀로 백두대간 3구간인 성삼재~여원재 구간을 진행하다 수정봉에서 큰 배낭을 메고 백두대간 하는 대전 등산객을 만났다. 땀을 많이 흘려 배낭에서 얼음물을 꺼내 드렸더니 "아주 시원하다"고 한다. 얘기해 보니 나이도 갑장이어서 "삶의 흔적을 남기는 책을 쓰기 위해 두 번째 백두대간을 한다"고 했더니, "장관도 평생 책 한 권 안 쓰는 사람이 있는데 잘해 보라"며 좋게 말해 주어 '용기와 위로'를 받았다. 그분과 헤어져 산길을 걸으면서 '2차 대간은 속도에 구애받지 않고, 천천히 느끼며 생각하며 걸으리라!' 다짐했다.

## 2) 2차 홀로 백두대간 후기 3편 발췌

### 1편 : 가족과 1박 2일 대간 후기(2차 백두대간 1)

**종주 개요**

- 1일 차 : 2015. 7. 25.(토). 10구간(우두령 – 황악산 – 괘방령). 12.4km
- 2일 차 : 2015. 7. 26.(일). 11구간(괘방령 – 가성산 – 추풍령). 10.9km
- 특징 : 여름 휴가철을 맞아 아내, 아들, 딸이 '아빠의 홀로 대간을 응원하는 차원'에서 함께 산행하며 소통의 시간을 가짐

### 1일 차 : 백두대간을 가족과 함께

2015년 7월 25일(토), 가족과 1박 2일로 백두대간을 하기 위해 아침 6시 20분 집을 나선다. 이번 산행은 '아빠의 홀로 백두대간을 응원하는' 가족 산행이다. 난 운전석, 아내는 옆, 아이들은 뒷자리에 탔는데, 이른 출발로 애들은 출발하자마자 쿨쿨 잠에 빠져든다.

추풍령에 도착하여 내일 하산해서 광주에 빨리 갈 수 있도록 추풍령 주

아빠의 홀로 백두대간을 함께하기 위해 우두령에 모인 가족

피톤치드 향기 가득한 황악산 숲길을 걷는 엄마, 아들, 딸

차장에 차를 주차한 후 예약한 택시를 타고 산행 들머리인 고도 720m 우두령에 도착하여 '소를 닮은 우두령'이라는 조형물에서 가족 인증샷을 찍고 산길로 들어선다.

나리꽃, 원추리, 동자꽃, 노란 물레나물꽃이 핀 등산로를 걸어 여정봉(1,034m)에서 돼지주물럭과 상추쌈으로 맛나게 점심을 먹는데 독일산 캔맥주가 쌉쓰름하니 맛나다. 바람재(810m), 신선봉 갈림길, 형제봉을 거쳐 황악산(1,111m)을 오르는데 딸이 많이 힘들어한다. 아들은 군대를 다녀왔다고 씩씩하게 오른다.

### 100대 명산 황악산

황악산에 올라 인증샷을 찍고 괘방령으로 향하는데 내리막이지만 딸이 많이 지쳐 새색시처럼 조심조심 내려오면서 무릎이 아프다고 한다. 아내와 아들도 힘들어한다. 여시골산을 거쳐 어렵게 괘방령산장에 도착하니, 산장 주인 백기성 씨가 반겨준다. 문을 열고 들어서니 내부가 탁 트였다. 샤워실이 2개여서 아들과 딸을 먼저 샤워하게 하고, 산장 여기저기를 둘러본다. 벽과 탁자에는 대간 선배들의 글씨와 리본이 가득하다. 백두대간 하다 느꼈을 수많은 고뇌와 외로움이 나한테도 전이되어 나무 식탁에 수

성펜으로 소감을 남긴다.

> 2015. 7. 25. 백두대간을 홀로 종주하다 사랑하는 아내 류보경, 아들 진수, 딸 미수와 함께 여기 괘방령산장에 왔다. 나이 들어도 청춘으로 살고 싶다.
> 
> 나사모 산우회 카프리(나종대)

맛난 저녁 식사가 나왔다. 산행 얘기를 하며 소맥을 곁들여 음식을 먹는데 마치 고향 집에 온 기분이다. 방 2개를 배정받아 산행의 피곤함으로 일찍 잠자리에 든다. 나는 거의 깨지 않고 푹 잤는데, 딸내미는 침대가 아니어서 불편했다고 한다.

## 2일 차 : 가파른 가성산과 부녀간 대화

2015월 7월 26일(일), 산행은 311m 괘방령에서 출발하여 가성산(716m)까지 초반 400m를 올라 다시 장군봉, 눌의산(743m)을 거쳐 백두대간 중 고도가 가장 낮은 추풍령(220m) 고개에서 산행을 마치는 10.9km 코스이다.

산장 여주인이 끓여준 된장국에 아침을 먹고, 괘방령산장 입구에서 주인아주머니에게 부탁하여 가족사진을 찍고 출발한다. 가성산을 3분의 1쯤 올라갔는데, 딸이 도저히 못 올라가겠다고 한다. 할 수 없이 택시비를 주며 "추풍령까지 가는 것은 네가 114에 물어서 하라"고 했더니 다시 따라가겠다고 한다. 무릎이 아프다고 해서 진통제도 한 알 먹였다.

아들은 엄마랑 먼저 올라갔다. 딸이 가다 쉬다를 반복하다 보니 오랜만에 부녀간의 대화 자리가 마련되었다. 집의 경제 사정부터 퇴직 후 노후 대책까지 이야기하다 딸이 '결혼을 할까 말까' 고민 중이라는 얘기도 나와 '결혼해야 할 세 가지 이유'에 대한 아빠 생각도 이야기한다.

첫째, 결혼하면 남편이라는 얘기할 친구가 생긴다. 둘째, 열정이 생긴다. 돈을 벌거나 승진해도 좋아해 줄 사람이 있어야 신나게 일할 수 있다. 마지막으로 외로움이다. 어린 시절 아빠가 읽었던 '곰 동화 이야기'를 해준다. "곰이 젊었을 때는 나무에 키 표시도 하고 오줌도 뿌려 영역 표시를 하지만 나이 들다 보니 젊은 곰한테 밀려나 외로운 신세가 되었다"는 얘기다. 딸은 가타부타 대답하지 않았지만, 오랜만의 소중한 시간이었다.

가성산을 오르고 장군봉을 거쳐 눌의산까지 딸은 무척 힘들어한다. 그렇지만 잘 참아내고 하산해서 대견하다. 내려와 보니 추풍령은 온통 포도밭이다. 거봉이 주렁주렁 열렸다.

### 왕특 자두가 맛나다

하산 후 모텔에서 씻고, 맛집 할매갈비에서 점심을 먹는다. 그리고 추풍령 농산물 공판장에서 복숭아와 자두를 1박스씩 샀다. 자두는 복숭아 가격의 두 배인데, 박스에 왕특王特이라고 쓰여 있다. 자두를 먹어보니 크면서 시지 않고 달콤해서 다들 좋아한다. 식사 후 요새 운전에 맛 붙인 아들이 운전대를 잡아 덕분에 광주에 편안히 도착했다.

가족에게 산행 후기를 쓰면 어떻겠냐고 했더니 썩 내키지 않은 표정이지만 고개를 끄덕인다. 이렇게 1박 2일이 끝났다.

\* 가족과 1박 2일 산행을 마치고 다시 이틀 만에 여름휴가 4일을 내서 추풍령에서 속리산까지 백두대간을 마치고 집에 오니 가족이 산행 후기를 써놓았다. 후기를 보니 애들이 생각보다 많이 힘들었던 것 같다.

**아들 산행기** 나는 등산을 별로 좋아하지 않는다. 일상에서 벗어나고 싶은 욕구도 강하지 않고 무엇보다 산을 좋아할 이유를 찾지 못했다. 이번 산행을 통해 산을 좋아할 이유를 찾을 수 있지 않을까 내심 기대하였으나 이번에도 뚜렷이 산을 좋아할 만한 이유를 찾지 못했다. 아마 세상 풍파를 겪고 잠시라도 현실에서 벗어나고 싶은 나이가 되면 산을 찾을 것 같지만 솔직히 아직은 잘 모르겠다.

산행 중간중간 씌어 있는 글귀, 산행 중 머물렀던 산장에 쓰인 글귀들을 보면 가족끼리 친구끼리 동호회끼리 많이 다녀간 걸 알 수 있었고, 그들이 적어놓은 글들을 보며 산행의 즐거움을 유추해 보려 했다.

그들은 같이 온 사람들의 건강을 빌기도 하고, 다시 오자는 약속을 하기도 하고, 각자의 소원을 적어놓기도 하고, 평소에 하지 못했던 사랑한다는 말을 적어놓기도 했다. 힘든 산행을 같이한 사람들 간의 추억을 공유하는 게 산행의 즐거움이라는 생각이 들었다.

나 또한 산행 자체의 의미는 찾을 수 없었지만 가족끼리 힘든 산행을 같이하고 추억을 공유할 수 있는 시간이 되어 좋았다. 산행을 마치고 같이한 저녁 식사와 약간의 술, 힘들게 올라간 산에서 먹은 점심, 꽃과 풍경을 보며 가족과 나눈 대화 등이 좋은 추억으로 남을 것 같다.

**아내 산행기** 남편의 백두대간을 응원하는 차원에서 아이들과 함께 길을 나섰다. 아침은 휴게소에서 먹기로 하고 6시에 출발.

남편과 나는 이서휴게소에서 된장찌개로, 아이들은 금강휴게소에서 돈가스와 볶음밥으로 해결하고 커피와 고구마스틱으로 입을 즐겁게 하면서 추풍령으로 고고씽. 한데 잠시 한눈을 판 사이 추풍령 IC를 놓쳐 그만 김천에서 다시 돌아왔다. 나중에 알았지만 휴게소를 통해 IC로 진입하는 유일한 곳이란다.

드디어 추풍령 도착. 구수한 충청도 사투리의 택시기사 안내로 출발지인 우두령에 도착. 간단한 인증샷을 남기고 황악산으로 출발. 비 온 뒤끝의 촉촉한 흙과 습기 머금은 숲의 향기로 기분 좋게 출발했다. 100대 명산 코스라서 길도 잘 다듬어져 있고 힘들다 생각될 때쯤이면 쉴 수 있는 벤치가 나타나 충분한 휴식과 함께 평속 1.8km로 걸었다. 이건 순전 딸의 보폭에 맞춘 속도다.

덕분에 허리 숙여 야생초와 눈 맞추어 인사하며 눈을 호강시켰다. 그중 안개꽃을 닮은 흰색 야생화에 유독 눈길이 간다. '꽃 이름이 무얼까?' 간간이 불어오는 바람 때문에 그리 힘든지 모르고 산행을 했다. 물론 아이들은 힘들어했지만… 점심은 집에서 준비해 간 상추와 제육볶음으로 거하게 먹고 다시 출발.

얼마쯤 가다 보니 추풍령 안내 표지판이 나왔다. 아들이 선두에 있었기에 먼저 보고 추풍령의 유래에 대해 아느냐고 묻곤 안내표시판을 읽어보란다.

대박. 옛날 과거를 보러 갔다 추풍낙엽처럼 떨어져 돌아오는 고갯길이란다. 중요한 시험 결과를 기다리는 아들에겐 충격으로 다가왔나 보다. 이런 곳에 자기를 데려왔느냐고 푸념 아닌 푸념에 한바탕 웃음으로 넘기고 다시 길을 나섰다.

어찌어찌하여 숙소인 괘방령에 도착하니 장원급제 길이라고 쓰여 있어서 아들의 인증샷 한 번에 또 한 번 웃었다. 샤워 후

야생화 때문에 힘든지 모르고 산행했다는 아내

괘방령산장 장원급제 길 표지판 앞에 선 가족

민박집 아주머니가 해주는 김치찌개와 맥주로 오랜만에 가족 간 회포를 풀고 알딸딸한 기분으로 내일을 위해 일찍 잠을 청했다.

아침을 먹고 7시 20분 가성산으로 출발. 어제보다 길도 험하고 쉴 곳도 마땅치 않은데 엎친 데 덮친다고 아들은 배탈이 나 배를 움켜잡고 뒤를 보러 다니느라 고생했다. 어제 찬물을 너무 많이 먹고 배를 내놓고 잠을 자서 그런가 보다. 어찌어찌하여 하산지점인 추풍령 도착. 아이들에겐 기나긴 산행이었다. 동네 모텔에서 샤워 후 이 지역에선 유명하다는 할매갈비에서 고추장 갈비를 먹었는데 왜 유명한지 모르겠다.

아쉬움은 휴게소 군것질로 달래기로 하고 가는 길에 과일 공판장에 들러 막 경매를 마친 왕특 자두와 복숭아를 사서 맛을 보았는데 반평생 살면서 그리 맛있는 자두는 처음 먹어본 듯하다. 좀 비싸긴 했지만 후회는 없었다.

귀환길은 아들이 운전하고 다시 금강휴게소에 들러 군것질거리를 사서 차 속에서 냠냠하다 보니 어느새 집에 도착, 1박 2일 여정을 마쳤다. 아이들은 내키지 않겠지만 단풍이 드는 가을 어느 날쯤 또다시 가고픈 마음이 든다.

아이들에게 하고픈 말.

"얘들아, 모든 것엔 때가 있는 것 같다. 엄마, 아빠가 언제까지 이렇게 다닐지 모른단다. 너희들이 효도할 시간도 점점 줄어들지 않겠니? 그러니 기회 있을 때마다 한 번씩 따라주길 바란다. 우리 모두 아빠의 백두대간 북진의 무사 종주를 바라며 응원하자. 여보 힘내서 무사 종주 바랍니다. 파이팅!"

**딸의 산행기** 2015년 7월 24~25일 가족과 산행을 했다. 산행한 곳은 추풍령과 괘방령 근처 산들이었다. 나는 평소 등산을 전혀 하지 않는다.

그래서 가기 전에 걱정도 많았는데, 등산하니 역시 힘들었다. 등산하는 내내 산에 올라가기 싫었고 이렇게 더운 날씨에 등산하는 아빠가 전혀 이해되지 않았다.

하지만 등산하면서 아빠랑 이야기도 많이 하고 자주 볼 시간을 낼 수 없는 가족과 함께 시간을 보낸 것은 정말 좋은 추억이었다. 앞으로 시간이 더 지나면 등산도 좋은 추억이

백두대간 추풍령 구간을 힘겹게 완주한 딸(나미수)

될 것 같다. 다시 가자고 하면 아마도 안 가겠지만…. 등산의 묘미를 알기에는 아직 너무 어린 나이인 것 같다. 하지만 등산하면서 먹은 얼음물 맛은 계속 생각이 날 것 같다.

## 2편 : 대야산 대간 후기(2차 백두대간 2)

### 종주 개요

- 일자 : 2015. 8. 8.(토), 36도 폭염 경보 및 소나기/홀로 산행
- 17구간(늘재 – 대야산 – 버리미기재). 16.1km
- 특징 : 소나기가 내린 후 미끄러운 대야산 100m 직벽을 혼자 통과했으나 날머리에 택시가 오지 않아 캄캄한 밤에 1시간 넘게 추위에 떨었음

'우공이산愚公移山'이라는 말이 있다. 어리석은 노인네가 산을 넘어 다니다 불편하니 산을 옮겨 보기로 계획을 세운다. 망태기로 흙을 담아 가족들이 수백 리 길을 옮긴다. 세상 사람들은 비웃는다. 세상천지에 언제 산을 옮기냐고… 그러나 노인네는 대대손손 흙을 나르다 보면 언젠가는 산도 없어진다며 고집을 피운다. 이 사실을 산을 관장하는 신神이 알았다.

회의 끝에 대대로 흙을 나르면 산도 없어진다고 생각한 신이 산을 옮겨 길을 터줬다는 이야기이다.

　5월 셋째 주 시작한 대간이 벌써 충청도 괴산까지 올라갔다. 밥이 나오는 대간도 아닌데 어쩔 땐 회의가 들기도 한다. 어리석은 노인네 같지만 계획대로 하고는 있다. 무언가를 하다 잘못된 것을 고치는 것은 좋지만 멈추는 것은 아니 함만 못할 때가 많다. 소득이라면 지금까지 지리산에서 괴산까지 걸은 산봉우리 이름을 80% 이상은 알게 되었다는 것이다.

　2015년 8월 8일(토), 민박집에서 빵으로 아침을 때우고, 얼린 물 1리터짜리 3통을 찾아 해물탕집 차를 타고 늘재에 도착해서 아침 6시 10분부터 산행을 시작한다. 오늘 산행거리는 16km에 불과하지만 청화산, 조항산을 거쳐 대야산 가는 길의 난이도가 높다. 특히 대야산의 북벽 직벽 구간 100m는 악명 높은 것으로 유명하다.

### 대야산에서 소나기를 만나다

　밀재에 도착하여 대야산을 오르는데 많이 가파르다. 밀재부터 천둥번개가 친다. 오르다 보니 아름다운 바위가 많다. 그러나 산 공부를 하지 않고 타니 그저 아름답다고 느끼는 것 외에는 바위가 통 눈에 들어오지 않는다.

　계속 천둥번개가 친다. 제발 대야산 정상 오를 때까지만 소나기가 내리지 않기를 기원한다. 그러나 소나기는 정상 200여m 앞두고 심하게 퍼붓기 시작한다. 천둥번개도 무섭다. '이러다 혼자 객지에서 벼락 맞는 거 아니여' 하는 무서움증이 든다. 급히 주위를 둘러보니 몸 하나 겨우 비를 피할 바위가 있다. 대야산 북벽을 잘 몰랐다면 그까짓 소나기쯤 맞고 진행하겠지만, 2014년 1월 백두대간 남진 때 직벽을 넘어 봐서 두려움을 안다.

　소나기를 피하는 동안 배낭 커버를 씌운다. 스틱도 접어 배낭에 넣는다. 밧줄을 탈 때 스틱이 짐이 되기 때문이다. 추워 여름 고어텍스 재킷도 입는다. 앉아 있으니 이 판국에 스르르 잠이 오려고 한다.

난국 타개를 위해 아내한테 전화할까 생각하다 접는다. 괜히 전화했다 걱정만 끼칠까 두렵다. 그래서 생각한 사람이 박상두(건하) 형님이다. 2012년 나사모 산우회 총무를 할 때 건하 형님이 회장이었다. 전화했더니 반갑게 받는다. "형님, 저 대야산 정상에 왔는데 소나기가 오고, 천둥번개가 치네요. 비 오는데 직벽을 내려가면 위험하지 않을까요?" 했다. 형님 왈, "소나기는 피하라고 있는 것잉께 피하고, 직벽은 밧줄 잡고 넘으면 될 것 아닌가" 하신다. 듣고 보니 나에게 딱 위로되는 얘기다.

###  대야산 직벽 구간을 넘다

50분쯤 지나 소나기가 그쳤다. 그치고 보니 산 정상엔 스멀스멀 안개가 피어 오른다. 대야산 정상에 오르니 남자 등산객이 한 명 있다. 셀카봉으로 인증샷을 찍기에 "제가 찍어드릴까요?" 했더니 이미 찍었단다. 나

소나기가 내린 대야산의 웅장한 자태

도 인증샷을 찍었다.

 하산하려는데 북벽 직벽이 어디인지 잘 모르겠다. 겨우겨우 북벽 입구를 찾았는데 위험하니 돌아가라는 경고판이 많이 붙어 있어 마음이 심란해진다. 길도 여러 갈래라 우선 사람이 가장 많이 왕래한 코스를 택한다. 다행히 밧줄이 굵고 매듭도 달려 있어 안심이 된다.

 그래도 조심해야 한다. 비명횡사하면 안 되니… 북벽을 내려가는데 계속해서 밧줄이다. 밧줄을 6개 정도 내려갔는데 내려오고 보니 뿌듯하다. '나종대, 한 건 했다.'

 내려서 밧줄을 봤더니 3개 코스가 있다. 백두대간 남진 때는 오른쪽으로 올랐다. 그때는 새끼 밧줄이었다. 왼편 코스도 밧줄 굵기가 얇다. 다음에 대야산을 오르거나 내리는 분은 가운데 굵고 매듭이 잘된 밧줄을 이용하길 추천한다.

## 촛대봉과 곰넘이봉을 넘어 버리미기재로

 사람의 기억이란 참 이상하다. 불과 1년 6개월 전 이 코스를 넘었는데 기억이 가물가물하다. 산악회 리딩에 따라가기만 했기 때문이다. 지도를 보니 하산점인 버리미기재 도로까지 약 4km 정도 남은 것 같다. '봉우리는 한두 개 있겠지만 별 거 있겠어?'라고 생각했다. 그런데 바위가 백두대간에서 '골목깡패'는 될 정도로 험하다.

 촛대봉에 올라 표지석을 찍고 가다 보니 또 많이 내려간다. 산 타는 사람은 앞에 높은 봉우리가 있는데 내려가면 불안하다. 드디어 블란치재에 도착했다. '블란치재? 이건 무슨 뜻이지?' 앞 주에 추풍령부터 속리산까지 4구간 산행 후기를 쓰느라 산행 공부를 하지 않고 오니 알 수 없다. 예습 없이 하는 산행은 어두운 밤에 헤드랜턴만 켜고 걷는 것과 같다는 생각이 든다. 비유가 너무 쎈지 모르겠지만….

백화산에서. 좌부터 나사모 산우회 정옥주 씨, 지강우 씨, 변찬섭 씨, 필자

나사모 산우회의 응원 산행. 이화령-하늘재 구간

비가 내린 후라 바지와 신발이 많이 젖었다. 블란치재에서 계속 봉우리를 오른다. 여기서 버리미기재까지 약 2km 정도 남았다고 생각하고 114로 괴산 택시 전화번호를 묻는다. 문자로 전화번호가 와 전화했더니 택시기사가 받는다. "2km 정도 남은 것 같은데 50분 후 버리미기재로 오시라"고 했더니, "어디냐"고 한다. "블란치재 넘었다"고 하니 "블란치재에서 2시간 정도 걸리니 곰넘이봉에서 전화하라"고 한다. 핸드폰에 찍힌 시간이 5시 58분이다.

미륵바위가 있는 721봉을 지나 힘겹게 곰넘이봉(733m)에 올랐다. 여기서 다시 전화했다. 핸드폰에 찍힌 시간을 보니 6시 32분이다. 아까 그 택시기사에게 전화해 곰넘이봉에 왔다고 하니 "알았다"고 한다. 마음은 급한데 약 5분 정도 알바하고 버리미기재에 7시 18분 하산을 완료했다. 택시는 와 있지 않았다.

**버리미기재에서 컴컴할 때까지 홀로 추위에 떨고**

버리미기재 도로에서 기다리며 다시 전화했더니 "먼저 통화했던 기사가 버리미기재로 갔을 것이다"는 얘기만 한다. 여름 잠바를 입었지만 너무 추워 오들오들 떨면서 기다린다. 다시 세 번째 전화 통화 끝에 처음 통

태백산 정상에서

황악산에서 직장동료 김영도 씨와 함께

화한 택시기사는 나를 내버려두고, 다른 손님을 태우고 청주로 간 것을 알게 되었다. 밤 8시 30분, 세 번째 통화한 택시기사가 버리미기재로 와 증평터미널을 거쳐 청주고속터미널에서 10시 10분 광주행 고속버스를 겨우 탔다.

처음 전화받은 택시기사에게 욕이라도 해야 분이 풀릴 것 같다. 진정하고 버스에서 겨우 잠이 들어 일어나 보니 광주다. 2시간 10분 걸려 24시 20분 광주터미널에 도착했다. 택시를 타고 집에 와 아파트 앞에 있는 '24시 국밥집'에서 허기진 배를 채운다. 국밥에 소주 한잔하니 겨우 살 것 같다.

현관문을 열고 들어가니 아내는 아직 자고 있지 않다. 문을 여니 "아고, 고생하셨어요" 한다. 샤워하고 배낭은 그대로 둔 채 잠이 들었다.

### 대야산 구간을 마치며

하마터면 괴산 택시기사 때문에 광주에 못 올 뻔했다. 광주에 못 오면 충청도에서 자면 되지만 굳이 오려는 것은 오늘 하루를 깨끗이 마무리하고 편히 쉬고 싶어서였다. 세상에 내 집처럼 편한 곳은 없다.

생각해 보니 내게도 커뮤니케이션상에 문제가 있었다. 그 택시기사 핸드폰 번호를 문자로 보내달라고 했으면 착오가 생겼을 때 서로 통화하며 확실한 약속(=계약)을 할 수 있었는데 그 점이 아쉬웠다.

그 사람은 나와의 전화 통화가 확실히 한 약속이 아니라고 판단해서 청주까지 손님이 가자고 하니, '시간이 돈이다' 하며 갔을 것이다. 화가 나서 여러 응징 방법을 생각했지만 광주에 도착하고 나니 그냥 흐지부지된다. 나에게 핸드폰 통화 기록 외에는 증거가 없지 않은가? 또 나에게도 약점이 있다. 굳이 법으로 타지 말라는 비법정로를 탔으니 공익기관에 호소하기도 어렵다. 다음 대간부터 택시기사와 원활한 소통으로 오늘 같은 상황을 만들지 않겠다고 다짐해 본다.

### 3편 : 홀로 백두대간 졸업산행 및 마무리 소감(2차 대간 후기 3)

**종주 개요**
- 일자 : 2016. 6. 5.(일), 흐림/홀로 산행
- 37구간(미시령 – 신선봉 – 진부령). 14.6km
- 특징 : 홀로 백두대간 마무리 소감을 진솔하게 기록 및 '대간 하면서 느낀 인심 다섯 가지'를 피드백 형식으로 남김

홀로 백두대간 졸업산행이다. 단속 구간인 미시령 철망을 넘기 위해 새벽 3시 20분 일어나 택시로 원통에서 미시령으로 이동하여 4시 20분 미시령 철망을 넘는다.

상봉을 향해 가다 미시령 고개와 설악산을 되돌아보니 오늘이 대간 마지막 날이라 감격이 밀려온다. 대간이 끝나면 가족과 함께 시간을 많이 보내야겠다는 다짐도 해본다.

상봉, 신선봉을 거쳐 대관령으로 내려오는데 자꾸 미끄러지려고 한다.

대관령부터 5일간의 산행으로 다리 힘이 빠졌나 보다. 아무 부상 없이 대간을 마무리하게 해주신 산신령님께 감사드리고 싶어진다.

병풍바우를 거쳐 마산봉에 도착한다. 마산봉에서 내려오다 어느 산악회 일행을 만났다. 여성 등산객이 백두대간 졸업이냐고 묻는다. "그렇다"고 하니 "본인은 졸업산행 때 남편이 꽃다발을 들고 왔다"고 한다. 아내가 진부령에 안 온다는 것을 알지만 괜히 서운하다.

백두대간 종주기념비를 거쳐 드디어 46번 국도의 백두대간 종착지인 백두대간 진부령 표지석에 도착했다.

아내는 99% 안 오겠지만 큰 눈을 가진 아내를 자꾸 찾아본다. 혹시 딸과 함께 오는 것은 아닐까 기대된다. 이렇게 생각한 이유는 출발 전 '5일간 일정표'를 두 부 출력해 집에 가져갔는데, 아내가 한 부 달라고 했기 때문이다.

### 외롭게 진부령 표지석에 도착하다

마침 관광객이 있어 백두대간 진부령 표지석에서 인증샷을 한 방 찍고, 외롭게 홀로 대간을 마무리한다. 벤치에 앉아 물을 먹는데 마침 아내한테 전화가 왔다. "대간 완주를 축하한다"고 한다. 그러나 "얼마나 힘들게 완주했는데 아무도 없이 홀로 대간을 마치게 하냐"며 불평한다. 마트에서 캔 맥주를 하나 사서 마시는데 딸한테 전화가 왔다. "아빠, 못 가봐서 죄송해요, 광주터미널로 나갈게요" 한다.

택시를 타고 원통으로 와서 목욕하고 점심을 먹고 광주로 직접 가는 버스 편이 없어 전주행 버스를 탄다. 버스에서 한참 자고 원주터미널에서 커피를 사서 마시니 정신이 초롱초롱해진다. 현재 시각 7시 25분. 해 질 녘이다. 차창 밖, 사람이 사는 집과 도로, 산천초목엔 다들 이유가 있다. 허투루 이유 없는 것은 없다. 사람들이 농토를 개간하고 길을 놓고 집을

홀로 졸업산행을 마치고
진부령 표지석에서

백두대간 졸업을 축하하기
위해 나온 아내와 딸 미수

지을 때는 다 사연이 있다. 그렇다면 "나종대, 너는 무엇 때문에 홀로 대간을 했니?" 하고 물어본다. 가장 큰 이유는 대간길을 홀로 다시 걸으면서 사색하며 여유로움을 느끼고 싶었기 때문이다.

대간 하면서 깜짝깜짝 놀란다. 이틀만 걸으면 눈에 잘 안 보이게 먼 길을 걷는다는 사실을. 눈처럼 게으른 게 없다는 사실을. 홀로 대간을 마무리할 수 있었던 배경을 들라면 '당일계획서'를 작성했다는 것이다. 이것이 시행착오를 줄였고, 숙박·교통 편 등 계획이 빗나가도 흔들림 없이 수습할 수 있었다.

광주에 도착하니 아내와 딸이 꽃다발을 들고 터미널에 나와 완주를 축하해 주었다. 서운한 마음이 조금은 풀렸다.

프랑스 고산 등반가 '에밀 자벨'은 "다시 태어나 본들 그대가 과연 살고 있는 지금보다 더 근사할까?"라고 했다. 이 말을 되새기며 7개월 동안 금수강산 유람 '홀로 대간' 산행 후기를 마치고자 한다.

### 대간 하면서 느낀 인심 다섯 가지

① **도시락통만 주면 도시락은 싸준다.** 값은 1천 원부터 6천 원까지 다양. 식당이든 민박집이든 다 싸준다. 식당이 더 싸다. 이유는 밥 한 공기에 있는 반찬만 넣으면 되니….

② **세탁기는 돌려준다.** 처음에는 화장실에서 빨랫비누로 손수 빨아 아침에 마르지 않은 옷을 입었는데, 충청도에 접어들면서부터 빨랫감만 주면 세탁기를 돌려주어 보송보송한 옷을 입었다. 주인 입장에서도 세탁기 버튼만 누르면 되니 어렵지 않다. 빨랫감을 주며 이렇게 말한다.
"세탁비는 요금에 포함시키세요."

③ **민박비 추가 팁은 저녁에 준다.** 횟집에서 팁 주는 것보다 감사해한다. 민박집 하는 분들이 대부분 60대 이상이고, 고정 수입이 없는 분들이기 때문에….

④ **택시기사에게 다음 구간도 이용하겠다는 언질을 준다.** 두 구간 정도는 한 택시 이용이 가능하다. 택시기사는 정보의 보고. 몇 마디 나눠 보면 품성을 알 수 있다. 새벽 시간에 숙소 앞에 차를 미리 댈 사람인지, 펑크 낼 사람인지…. 새벽 4시에 오라고 할 때는 이렇게 얘기한다. "제가 3시 45분 사장님께 오시라고 전화드릴게요." 택시기사는 대간 객이 약속시간을 펑크 내는 경우가 많기 때문에 안심하고 고마워한다. 핸드폰에 일어날 알람시간 맞추는 것은 필수이다. 그리고 개인택시 기사 호칭은 무조건 '사장님!'

⑤ **하산 택시를 부를 때 10분 늦게 오라고 한다.** 즉 도착지점이 3km 남았을 때 1시간 후보다는 1시간 10분 후에 오시라고 전화한다. 이렇게 얘기해도 모범택시는 대부분 10분 전에 차를 댄다. 하산해서도 할 일이 많다. 트랭글, 오룩스 GPS 끄고 스틱도 접고 옷을 입는다. 대간 표지석에서 인증샷도 찍어야 한다. 10분 여유는 택시기사에 대한 '존중의 시간'이다. 한국 사람은 대간 객이든 택시기사든 모두 성질이 급하다. 동작이 느린 사람은 명심. 명심보감까지는 아니지만….

몇 가지 팁을 적은 이유는 대간길이 신뢰와 믿음, 훈훈함으로 가득했으면 하는 바람 때문이다.

**부록 3** 버킷리스트 #3

# 설악산 태극종주 경험담

## 1. 설악태극종주란?

인제군 북면 한계리에서 태극 문양을 그리며 대청봉을 거쳐 속초시 해맞이공원까지 가는 장장 58km 산길이다. 2007년 11월 J3클럽 배병만 방장이 개설했다. 지리산 태극종주에 이어 두 번째다. 길이는 지리산 태극종주(90.5km)에 비해 짧지만 난이도는 더 높다. 우리나라 종주 코스 중 최고 난이도로, 설악산 전체를 둘러보는 코스이다.

> **종주 개요**
> - 일시 : 2017. 5. 26.(금) 01:19 ~ 27.(토) 14:14
> - 날씨 : 첫날은 맑았으나 오후에 이슬비 약간. 둘째 날 맑음
> - 구간 : 내설악광장 – 안산 – 귀때기청봉 – 대청봉 – 공룡능선 – 황철봉 – 달마봉 – 해맞이공원
> - 거리/소요시간 : 58.2km/36시간 56분
> - 종주자 : 나종대(카프리), 나종련(빵고)

## 2. 도전 과정

2011년 10월 지리태극종주(90.5km)를 하고, 두 번 백두대간 하면서 한계령에서 미시령까지 걷다 보니, 설악태극종주 길이 보여 처음부터 끝까지 설악산을 걸어보고자 10대 버킷리스트에 넣었다.

2016년 9월, 준비 없이 나사모 산우회 젊은 회원 여덟 명과 설악산 태극종주에 도전했는데, 체력 부족으로 대승령에서 홀로 중탈했다. 수치스러웠다. 홀로 광주로 오면서 2017년 나사모 산우회 지리산 화대종주(46km)로 체력을 쌓은 후, 설악태극에 도전하기로 마음먹었다.

마침 무안에 사는 나종련(빵고) 동생이 기회가 되면 같이 도전하고 싶다고 한다. 설태를 준비하기 위해 2017년 3월부터 매주 화·목요일 동료와 회사 사택 인근 산을 5km씩 야간 등산하고 꾸준히 헬스도 했다. 주말에는 산행대장을 맡고 있는 나사모 산우회 정기산행에서 매주 20km 이상 탔다. 정신력을 강화하기 위해 1장짜리 '종주계획서'도 작성했다.

2017년 5월 7일, 버스 3대로 간 지리산 화대종주에서 11시간 44분에 종주해 29위를 했다. 또 산이 잘 보이도록 손경석 씨가 쓴 『설악산』도 읽고, 선답자 후기도 자주 읽었다.

## 3. 산행 후기

2017년 5월 26일 새벽 1시 19분, 나종련 동생과 내설악광장을 출발한다. 작년 설악태극종주에 실패했기 때문에 이번이 마지막이라는 비장한 각오로 나선다. 나이가 들어가니 해마다 몸이 다르고 조금만 무리해도 힘들기 때문이다. 설악산 태극종주를 위해 잠도 7시간씩 자고 감기에 걸리지 않으려고 러닝에 반팔 티를 껴입고 잠을 잤다. 사무실에 봄철 감기 환자가 많아 각별히 조심했다.

내설악광장에서 헤드랜턴을 켜고 가파른 9.5km 산길을 걸어 안산(1,430m)에 올라, 귀때기청봉을 거쳐 대청봉(1,708m)에서 인증샷을 찍고, 오후 4시 중청대피소로 내려온다. 여기까지 15시간 걸렸다.

중청대피소에 들어가니 따뜻하고, 옆에서는 연인, 친구들이 고기를 굽고 술 먹는 모습을 보니 등산하기 싫어진다. 한두 시간만 자면 몸이 풀릴 것 같아 대피소 직원에게 "예약은 안 했는데 잘 수 있느냐"고 물으니 "안 됩니다" 한다. 지금 출발하면 잠 한 숨 못 자고 밤새 '고난의 순례'를 해야 한다. 할 수 없이 대피소에서 즉석밥 4개를 사서 고추장과 김치로 게 눈 감추듯 먹어치우고 차가운 바람이 몰아치는 길을 나선다.

희운각대피소를 지나 공룡능선에 접어든다. 배가 부르니 힘이 난다. 해가 지기 전 공룡능선을 통과하려고 속도를 낸다. 종련이가 "형님, 공룡능선에 우리뿐이네요?" 해서 "그러게. 돈 나오는 것도 아닌데 말이야" 하고 되받는다. 종련이가 "이렇게 열심히 일했으면 큰돈을 벌었을 텐데…" 한다. 대화할 벗이 있어 다행이다.

설악산 서북능선 귀때기청봉을 지나며

한 번도 쉬지 않고 공룡능선의 1275봉에 도착하여 헤드랜턴을 켠다. 희운각에서 마등령까지 2시간 40분 만에 공룡능선을 통과한 후, 걸레봉(1,249.5봉)에 도착했는데 너무 졸립다. 새벽 1시쯤 추운 설악산 고지에서 있는 옷 다 껴입고 알람을 30분 후로 맞춘 후 잠시 잠을 자다 저체온증에 걸릴 뻔했다. 일어나 보니 이빨이 덜덜 떨렸는데 다시 걸으니 저체온증이 풀린다.

설악산 대청봉에서 나종련 씨와 함께

저항령, 황철봉 너덜길을 걷는데 또 졸린다. 둘이 박자도 맞지 않는 노래를 부른다. 둘이 아닌 나사모 회원들과 함께하는 정기산행처럼 여겨졌다. 거의 환청 일보 직전이었던 것 같다. 황철 북봉을 지나니 동이 트고, 울산바위를 지나 종련이와 햇볕이 비추는 푹신한 낙엽 위에서 30분간 맛나게 단잠을 자고 나니 컨디션이 금방 회복된다.

달마봉, 목우재, 주봉산을 거쳐 청대산 전망대에 오르니, 속초 시내가 보이고 걸어온 설악산 전체가 다 보인다. 해맞이공원에 도착하니 종련이 부인이 종주를 축하한다고 사진을 찍어준다.

이렇게 나의 세 번째 버킷리스트를 달성했다. 혼자라면 할 수 없는 길을 종련이와 함께해서 무사히 완주할 수 있었다. 종련이는 나와 같은 나주 나씨이다. 선산도 나주 장골로 같은 것 보니, 족보를 뒤지면 그리 멀지 않은 세 살 어린 동생일 것이다.

해 질 녘 공룡능선

## 4. 종주 경험담

① 거의 죽다 살아났다. 포기 직전이었다. 혼자였다면 포기했을 텐데 둘이라 포기하지 못했다. 종련이는 차량수리 개인사업을 하는데, 이틀간 문 닫고 왔고 나도 이틀간 휴가를 냈다.

② 설악태극종주 관건은 물이다. 내설악광장에서 대청봉까지 장장 15시간을 걷는 등산로에 물이 없다. 나의 경우 물을 3리터나 넣었더니 배낭 무게가 8.6kg이나 나갔다. 대청봉 이후 급수 가능한 곳은 희운각대피소, 저항령샘터, 계조암, 청대산약수터가 있다. 마등령샘터도 있지만 희운각대피소에서 식수를 채운다면 저항령샘터만 이용해도 충분할 것 같다.

③ 천천히 산을 타며 금강산도 보고, 달마봉과 청대산에서 설악산을 보

달마봉 뒤로 울산바위가 보인다.

니 설악산 전체가 눈에 쏙 들어왔다. 이제 속초 시내에서 설악산을 보면서 '저기는 어느 봉우리다'라고 말할 수 있다. 산행 전 선답자 후기를 보며 많이 공부했기 때문일 것이다.

④ 사람마다 체력이 다르지만 후답자에게 남기고 싶은 말은 한 번에 종주하기보다 대피소를 이용해서 충분히 잠을 자고 설악을 즐기길 권한다. 대피소를 이용해서 2개 구간으로 나누면 좋을 것 같다. 중청대피소를 이용한다면 한밤중이 아닌 새벽에 모란골에서 출발하는 주간 산행도 가능할 것이다.

⑤ 계절은 5월 말이나 10월 초를 권장한다. 조망이 가장 좋고, 걷기도 좋은 기온이다. 필히 일기예보를 확인하고, 비가 조금이라도 내리면 산행을 미뤄야 한다. 고산에서 장거리 산행은 좋은 날씨를 택해야 행복하다.

⑥ 힘들게 다녀왔어도 내가 계획하고, 꿈꾸며 준비했던 시간들이 소중하다. 하산 후 속초 중앙시장 인근에서 목욕했다. 옷을 벗는데 사타구니가 헐어 많이 쓰리다. 출발할 때 종련이 부인에게 설악산 태극종주 일정표를 주었는데, 제수씨도 그 일정표를 보며 '어디쯤 오겠구나' 짐작했다고 한다.

⑦ 종련이 부부는 속초에서 하루 더 머물고, 나는 광주에 가기 위해 속초고속터미널에 갔는데, 서울 가는 버스가 2시간 후에 있다. 강남고속버스터미널을 거쳐 광주 집에 도착하니 새벽 3시였다. 태극을 완성했기에 버스에서 맛나게 잠을 잤다.

일요일 아침 늦잠을 자고 일어나니 주방에서 달그락거리는 소리가 들린다. 침대에 누워 있는데 그제사 성취감이 밀려온다. 어려운 싸움에서 이겼기 때문일 것이다. 쓰라린 사타구니에 연고를 바르고 아내가 깎아준 과일을 먹는다. 아내가 수고했다고 위로해 준다.

버킷리스트 #4　**부록 4**

# 칼라파트라에서 에베레스트 일망무제 조망을 즐기다

### 버킷리스트 에베레스트 트레킹

　주말마다 배낭을 메고 산에 다닌 지 어언 10년. 산에 가면 마음이 편하다. 또 해외 산행을 다니며 쓰구낭산, 옥룡설산, 코타키나발루 등 4~5,000m 고산도 접했다. 그러나 마음 한편에는 세계 최고봉 에베레스트를 먼발치에서나마 보고 싶은 소망이 있었다.

　트레킹 기회는 우연히 찾아왔다. 올해 초 산악회에서 한북정맥을 탈 때 같이 간 산악회 회원으로부터 에베레스트 트레킹을 신청했다는 말을 듣고, 그동안 버킷리스트로 올려놓았던 에베레스트 트레킹을 신청한다.

　네팔은 히말라야 8,000m 이상 14좌 봉우리 중 8개가 있는 나라다. 인구 3천만 명에 국토 면적은 남한의 1.5배가량이다. 인도와 중국 사이에 끼어서 완충 작용을 하고 있다. 에베레스트 베이스캠프 트레킹은 루클라에서 시작하여 남체를 넘어 에베레스트(8,848m), 로체(8,516m), 아마다블람(6,856m)의 설산을 보며 걷는 길이다.

> **트레킹 개요**
> - 일자 : 2019. 3. 16. ~ 3. 31.(일)/16일간
> - 코스(왕복) : 루크라 – 남체 – 딩보체 – 고락셉 – 칼라파트라/에베레스트 베이스캠프(EBC)

**1~4일** 인천공항 - 카트만두(1일) - 루클라 - 팍딩(2일) - 남체(3~4일)

## 사진에 정신 팔려 돌부리에 걸려 넘어지다

2019년 3월 16일(토), 인천국제공항에서 여행사를 통해 신청한 11명을 만나 네팔로 향한다. 카트만두에 도착하니 13년 만에 네팔에 큰 눈이 내려 안나푸르나와 에베레스트 일부가 통제되었다고 한다. 과연 루클라까지 비행기가 갈 수 있을까 걱정했는데 다행히 날씨가 좋아 18인승 경비행기가 이륙한다. 창 너머로 히말라야 설산을 보니 가슴이 터질 것 같다.

루클라에서 트레킹이 시작된다. 루클라 시내 도로에 개들이 태평하게 낮잠을 잔다. 우리나라 개들과 달리 짖지도 않고 아주 순하게 생겼다. 네팔을 불교 국가로 알았는데, 가이드는 네팔 인구의 81%가 힌두교 신자라고 한다.

첫날은 산행 난이도가 낮다. 오늘 숙박지인 팍딩의 고도가 루클라보다 낮기 때문이다. 팍딩 로지lodge에서 자고 둘째 날 남체로 향한다.

트레킹을 떠나기 앞서 〈사람과 산〉 편집장에게 땅끝에서 통일전망대까지 일명 '땅통종주'라는 연재를 요청했는데, 잡지에 연재한 경력이 없고,

루클라 공항

19개월 동안 장기간 연재라 편집장은 연재를 허락하지 않고 있다. 대신 에베레스트 트레킹에서 찍은 사진과 글을 한번 보내보라고 한다. 기쁜 마음으로 사진 책과 유튜브를 보며 사진 공부를 했지만, 사진 실력이 늘지 않아 고민은 깊어가고 있다.

일행 중 오랫동안 사진 동호회 활동을 하는 분이 있어 잡지사 연재 얘기를 하며 사진 찍는 방법을 가르쳐달라고 요청한다. 그런데 사진에 너무 정신을 팔았는지 내리막길에서 돌부리에 걸려 넘어져 오른발 정강이부터 무릎까지 세 군데서 피가 난다. 피가 양말까지 적신다. 가이드로부터 지혈을 받았지만 갈비뼈도 아프고, 손바닥도 파랗게 부어오른다.

몬조 로지에서 점심을 먹는다. 오늘 남체로 가는데 최대 난코스는 해발 2,850m에서 시작해 3,440m까지 고도차 590m의 '깔딱고개'다. 어렵게 남체바자르에 도착한다.

남체바자르는 수세기 전, 히말라야 북쪽 티베트 사람들이 낭파라(5,716m)를 넘어 정착한 곳 중 하나로, 매주 토요일마다 큰 장이 서서 남체에 '장'을 뜻하는 '바자르'를 붙였다고 한다.

에베레스트 트레킹 경로

**5~8일** 남체 – 디보체(5일) – 딩보체(6~7일) – 로부체(8일)

## 에베레스트 하이웨이를 걷다

고소 적응을 위해 남체에서 이틀 머물고 출발한다. 남체에서 디보체

이틀 동안 고소 적응을 할 남체바자르

가는 길을 '에베레스트 하이웨이'라고 부른다. 세계 최고봉 에베레스트 (8,848m), 로체(8,516m), 아마다블람(6,856m)을 보며 걷는 아름다운 길이다. 오늘 아마다블람은 잘 보이는데, 에베레스트와 로체는 하얀 구름에 가렸다. 길에는 티베트 문자로 쓰인 마니석(라마교 기도문)과 케른(라마교 돌탑)이 서 있고, 케른 꼭대기에 걸린 오색룽다 너머로 흰 설산이 펼쳐진다. 풍기텡가에서 점심을 먹고, 텡보체까지 오르는 600m의 깔딱고개가 아주 힘들다. 텡보체에 있는 라마교 사원을 보고, 눈이 녹아 질퍽거리는 내리막을 조심스럽게 내려가 트레킹을 마친다.

디보체에 도착하니 오후 4시다. 로지 화장실에 뜨거운 물로 목욕한다는 영어 표지판이 있어 얼마냐고 물으니 6달러라고 한다. 가이드가 고산에서는 목욕하면 안 된다고 했지만 '따뜻한 욕실에서 가볍게 씻는 것은 괜찮겠지' 생각하고 요금을 지불한다. 주인아주머니를 따라간 목욕탕은 나무판자로 벽을 만들어 전혀 보온이 되지 않는다. 보일러 물통에서 약하게 뜨거운 물이 나온다. 머리를 감고, 수건에 따스한 물을 묻혀 몸을 닦는 것으로 간이 목욕을 했다.

3,800m 고도인지라 너무 춥다. 머리가 오그라드는 것 같고, 몸도 사시나무처럼 떨린다. 빠르게 옷을 입고 침낭에 들어가 몸을 녹인다. 고소증은 방한을 소홀히 하면 금방 찾아오므로, 샤워나 머리를 감지 않아야 하는데 큰일 날 뻔했다.

다음 날은 임자체와 칼라파트라로 갈라지는 삼각점에 위치한 당보체(4,410m)까지 가는 구간이다. 히말라야 3대 미봉으로 '어머니의 보석함'이라 불리는 아마다블람을 보며 진행한다. 어제 목욕 탓에 감기 기운이 있는지 이따금 기침이 나온다. 기침할 때마다 다친 갈비뼈가 쿵쿵 울린다.

고소 적응을 위해 딩보체에서 이틀 머문다. 휴식 후 로부체로 향하는데 유일한 여성회원이 오르막에서 힘들어한다. 투클라에서 점심을 먹는데 늦게 도착한 여성회원이 트레킹을 계속할지 하산할지 고민하다 말을 타더라도 계속 진행하는 것으로 결정한다.

투클라 로지(4,620m)에서 투클라 패스(4,830m)를 오르는 언덕은 EBC(에베레스트 베이스캠프)로 가는 일정 중 가장 힘든 구간이다. 고도 4,500m가 넘으면 누구나 고소 증세를 겪기 마련인데, 그 와중에 1시간이나 오르막을 올라야 하기 때문이다.

투클라 깔딱고개를 힘들게 넘어 모두 로부체 로지에 도착했지만, 여성회원은 가이드와 함께 1시간 30분 늦은 오후 5시에 도착했다. 여성회원은 작년 가을 스페인 산티아고 순례길 800km를 완주했는데 히말라야에서는 고전하고 있다.

에베레스트로 가는 하이웨이

에베레스트 가는 길.
우측으로 세계 3대 미봉인 아마다블람

**9~10일** 로부체 – 칼라파트라 – 고락셉(9일) – 페리체(10일)

## 칼라파트라에서 좋은 조망에 감격하고

고락셉 로지까지 가는 길에 눕체, 푸모리와 칼라파트라가 보인다. 칼라파트라는 '검은 바위'라는 의미로, 푸모리봉(7,165m) 바로 아래 있다. 고락셉 로지에서 점심을 먹고 오후 1시 30분 칼라파트라(5,550m)를 향해 출발한다. 고락셉 로지에서 칼라파트라까지는 왕복 3km이다. 힘들게 칼라파트라 정상에 올라 인증샷을 찍고, 꿈에 그리던 에베레스트를 보며 감격한다. 가족에게 보내기 위해 핸드폰 인증샷도 찍는다. 오늘 에베레스트의 좋은 조망을 봐서 더없이 행복하다.

다음 날 새벽 4시 기상하여 헤드랜턴을 켜고, 에베레스트 베이스캠프를 향해 출발한다. 거리는 왕복 4km이다. 새벽이라 내복을 입고, 아이젠, 스패츠까지 찼다. 도착해 보니 에베레스트(8,848m) 정상은 보이지 않는데 눕체봉(7,864m)에 가렸기 때문이다. 대신 에베레스트 베이스캠프에 노란 텐트 10여 동만 보인다. 인증샷을 찍고 고락셉 로지에 돌아와 아침을 먹고 하산한다. 오늘 트레킹은 페리체까지 하산하는 13km이다. 가이드가 내려갈 때 사고가 많이 발생하니 각별히 조심하라고 당부한다.

에베레스트 베이스캠프(EBC) 인증샷

이번 트레킹에는 총 11명 중 71세 한 명, 70세 두 명이 참여했는데 70세 두 분은 마라토너이다. 백 세 시대가 도래하고 있다는 것이 실감난다. 여성 회원은 오늘도 말을 타고 하산하는데, 요금은 하루에 300불이다. 로부체에서 점심으로 볶음밥이 나왔는데, 여성

에베레스트 전망대인
칼라파트라로 가는 중

칼라파트라에서 에베레스트(검은 산)를
배경으로 스틱 인증샷

회원은 거의 먹지 못한다.

오후 2시가 넘자 눈이 내리면서 한겨울 모드로 변했다. 다들 재킷을 입고 보온에 신경 쓴다. 현지 가이드에게 배낭을 맡기고 말을 타고 간 여성회원이 저체온증에 걸리지 않을까 걱정된다. 사나운 히말라야 바람을 맞으며 오늘 숙박지인 페리체 로지에 도착했다. 다행히 가이드가 여성회원도 잘 도착했다고 알려준다.

네팔 로지의 다이닝룸은 한가운데 장작 난로가 있고, 주변으로 테이블이 있다. 오늘도 저녁을 먹고 난로에 둘러앉아 담소를 나누다 히말라야 기인을 만났다. 9번이나 에베레스트를 오른 셰르파(Nigga tenji sherpa)를 만난 것이다. 나이는 37세로 작지만 날렵하게 생겼다. 고 김창호, 김재수 등과 에베레스트 정상에 올랐다고 한다.

### 11~12일  페리체 – 캉주마(11일) – 몬조(12일)

### 히말라야 트레킹 고수 세 분을 만나다

새벽에 일어나니 페리체 로지에 하얀 눈이 수북이 쌓였다. 우리 방 동료는 밤새 거의 깨지 않고 잘 잤다고 흡족해한다. 그러나 나는 죽을 맛이었다. 드르렁드르렁~ 코 고는 소리에…. 아침을 먹고 눈 속 아마다블람을 보며 하산한다.

팡보체에서 한국인 남성 홀로 산객을 만났다. 쓰리패스한다고 한다. 쓰리패스는 쿰부 히말라야의 대표 고개 콩마라(5,535m), 촐라(5,330m), 렌조라(5,360m) 3개를 모두 넘는 트레킹 코스다. 텡보체에서 풍기텡가로 하산하여 캉주마로 오른다. 가이드가 오늘 숙박지는 캉주마이므로 고산 증세를 염려할 필요없이 능력껏 올라도 된다고 해서 오랜만에 땀을 낸다.

다음 날 캉주마에서 출발하여 남체에서 점심을 먹고 몬조로 향한다.

남체 빨래터에 아주머니들이 많이 나와 빨래하고 있다. 옛적 우리 어머니 모습을 보는 것 같다.

빨래하는 여인들

남체 깔딱고개에서 부산에서 온 홀로 산객을 만났다. 54일간 일정으로 네팔의 3대 트레킹(에베레스트 쓰리패스, 안나푸르나 및 랑탕 트레킹)을 한다고 한다. 긴 여정을 위해 가이드와 포터도 고용했는데, 가이드는 일당 25불, 포터는 일당 20불이라고 한다.

루클라 하산 길에 눈이 내리고…

숙박지 몬조에 도착해서 대전에서 온 64세 정○상 씨를 만났다. 2년 전 퇴직하여 그랜드안나푸르나 서킷과 스페인 산티아고 트레킹을 했다고 한다. 두 달 일정으로 에베레스트를 둘러보러 왔는데, 가이드와 포터 없이 홀로 히말라야를 유람한다고 한다. 보기에도 가벼운 괴나리봇짐을 메었다. 배낭 무게를 물어보니 9kg 정도란다. 밤에 춥지 않겠냐고 했더니, 로지에서 나온 이불과 본인 여름 침낭을 함께 사용할 계획이라고 한다.

이분이 루클라에 온 경로가 심상치 않다. 비행기를 타지 않고, 카트만두에서 15시간 버스를 타고 도로가 끝나는 '지리'라는 마을에 내려 여기까지 5일간 걸어왔다고 한다. 배낭에는 갈아입을 옷 딱 한 벌과 등산 필수품만 들어 있다고 한다.

고수 세 분을 만나 세상에는 히말라야를 독특하게 즐기는 분이 많다는 것을 알게 되었다. 몬조에서 따뜻한 물에 목욕하고 머리도 감았다. 현지 가이드 셰르파 중 막내인 '파상'(20세)을 조용히 불러 사용하던 아이젠을 주었더니 고맙다면서 "코리아 아이젠 넘버원!"이라며 엄지를 치켜세운다.

셰르파족은 500년 전 티베트에서 네팔 산악지대로 이주한 사람들로, 보통 태어난 요일에 따라 이름을 짓는다고 한다. '파상'은 금요일 태어난 이름이다.

**13~15일** 몬조 – 루클라(13일) – 카트만두(14일) – 기내(15일) – 인천공항(16일)

### 루클라 is closed

몬조에서 팍딩을 거쳐 루클라에 도착해서 더운 물로 샤워하고 동고동락한 스태프들과 만찬으로 염소 수육을 먹었다. 트레킹 성공을 자축하고, 스태프들과 마지막 작별인사를 하는 시간이었다. 현지 스태프인 가이드, 식사팀, 야크운송팀과 우리 팀원들이 술을 같이 마시며 덩실덩실 춤도 추었다.

트레킹 마지막 날은 프로펠러 비행기를 타고 루클라에서 카트만두까지 날아간다. 8시에 출발하기로 했는데, 카트만두에서 비행기가 오지 않아 비행장 인근 로지에서 8시부터 대기했다. 드디어 10시경 프로펠러 비행기가 착륙하는 것이 보인다. 모두 박수 치며 루클라 공항에 나간다. 공항은 승객들로 발 디딜 틈이 없다. 드디어 네 번째 비행기에 우리 팀이 탑승한다. 카트만두에 도착하여 비행장 구내 버스를 탔는데, 공항 관계자가 버스에 올라타 이렇게 말한다.

"루클라 is closed."

오늘 루클라 비행기가 끊겼단다. 하늘을 보니 안개가 자욱하다. 한편으

에베레스트 봄꽃과 설산이 대조적이다.

로 안도의 웃음이 나오고, 한편으로는 남겨진 사람들이 걱정되었다.

 카트만두 한국인 식당에서 점심으로 삼겹살을 먹고, 파탄을 관광한 후 저녁을 먹고 대한항공 비행기에 올랐다. 인천공항에 도착하니 우리나라가 참 좋다. 입국 수속도 아주 빠르다. 동고동락했던 동료와 아쉬운 작별을 하고, 고속버스를 타고 광주에 도착했다.

 힘들었던 에베레스트 트레킹에 대한 총평 세 가지로 후기를 마무리하고자 한다. 첫째, 공짜 밥은 없다는 것이다. 의외로 에베레스트 여정이 힘들었고, 고소 탓인지 밥맛도 없었다. 둘째, 초봄인데도 에베레스트 고산지역이 많이 추웠다. 겨울 옷을 잘 챙겨야 한다. 셋째, 그러나 지금까지 해외산행 중 만족도 1위였다.

 버킷리스트 중 하나인 '에베레스트 트레킹'을 보람 있게 마쳐 기쁘다.

## 〈에베레스트 트레킹 준비물〉

| 종 류 | 준 비 물 |
|---|---|
| 해외여행 | 여권, 사진 2매, 여권 사본, 캐리어(대), 카고백(여행사 제공), 허리색, 책 2권, 돋보기, 지갑(현금 10만 원 + 카드 + 신분증 + 300달러), 운동화, 가벼운 샌들 1 |
| 등산장비 | 35리터 배낭, 수건 2, 땀 타월 2, 등산화, 장갑(겨울, 가을, 여름 반장갑), 속장갑, 선글라스, 동계마스크, 등산 스틱, 모자(여름 3, 겨울 1), 지도, 헤드랜턴, 아이젠, 스패츠, 우비, 버프, 3단 우산, 휴지 3 |
| 등산복장 | 상하의(겨울옷 2벌, 가을옷 2벌), 러닝 팬티 4벌, 양말 4개, 겨울 재킷 1, 윈드재킷 2(여름, 가을), 고어재킷 1, 다운재킷 1, 내복 1벌, 울 양말 1(수면용) |
| 간식·음료 | 초콜릿류 간식, 양갱 10, 종합비타민, 견과류, 1리터 물통, 0.5리터 보온물통, 티타늄 커피 컵, 인스턴트 커피 30개, 물티슈(50장) |
| 비상장비 | 목수건 2, 번호자물쇠, 안대, 구급약, 일회용 밴드, 멀티콘센트(3구) |
| 개인용품 | 카메라, 카메라 배터리, 핸드폰, 핸드폰 보조배터리(1만), 220V용 충전기(핸드폰, 카메라), 핫팩, 치약·칫솔, 비닐봉지 2(대), 귀마개, 이어폰, 손톱깎기 |
| 세면도구 | 면도기(일반 + 전동), 비누, 스킨, 로션, 선크림, 실모자, 둥근 카라반모자 |
| 기타 | 비자 발급 25불, 호텔 매너 팁 10, 현지 스태프 팁 130, 개인 경비 135, 카트만두 영상 6~23도, 루클라 6~영하 2도, 남체 낮 영상 3도, 밤 -4도, 칼라파트라 낮 -7도, 밤 -17도, 배낭(여행사 지급분 사용), 환전 지폐 300불(50불×2, 20불×6, 10불×5, 5불×5, 1불×5장) |

※ 출발 4일 전 준비물 표를 작성하여, 네팔을 세 번 다녀온 조명희(뜬구름) 형님의 조언을 받아 1차 수정했고, 네팔을 다녀와 최종 수정함
※ 이 표에서 더 줄일 수 있는 물품은 '옷'이라고 생각됨

첨부 1

# 땅통종주 기본 계획(안)

2019. 3.

작성자 : 나종대(카프리)
카운슬러 : 류보경(아내)

※ 땅통종주 : 해남 땅끝에서 고성 통일전망대까지 남한 최장 산길 종주를 말함

목  차

Ⅰ. 종주 배경
Ⅱ. 추진 방향
Ⅲ. 추진 기본 계획(안)
   1. 땅통종주 추진 계획(안)
   2. 종주책자 발간 계획(안)
Ⅵ. 소요예산 및 추진 일정
Ⅴ. 장기 계획

## I. 종주 배경

- 우리나라 최초 남한 최장 산길 홀로 종주 달성
- 한반도 역사지리와 버무려진 종주 책자 발행
- 아름다운 산하를 거닐며 건강한 노후를 보냄

**땅통 종주 개요**

가. 기간 : 2019년 4월 ~ 2020년 10월(1년 7개월)
나. 구간 : 해남 땅끝 – 고성 통일전망대
  - 산행거리 : 1,350km(GPS) / 65구간
  - 주요경로 : 땅끝기맥(땅끝) → 호남정맥 → 백두대간 → 통일전망대
다. 누구랑 : 홀로

## II. 추진 방향

| 목표 | 삼천리금수강산에서 浩然之氣 만끽 | | | |
|---|---|---|---|---|
| 추진<br>전략 | **땅통종주** | | | **종주 책자** |
| | 건강·멘탈 | 아내 | 홍보 | 알찬 산행 후기 |
| | • 헬스(매일)<br>• 일비일희 않기<br>• 7시간 수면<br>• 무박산행 금지 | • 감사한 마음/대화<br>• 카드 사용 줄이기<br>• 하루 1개 유머<br>• 가사돕기(청소 등) | • 유튜브 작성(7분)<br>• 산봉우리 표지판<br>• 종주 리본 부착<br>• 블로그/카페 게시 | • 2주에 1권 독서<br>• 서평 쓰기<br>• 역사지리/인문학 소개<br>• 아름다운 자연 소개 |
| 추진<br>환경 | 긍정<br>요소 | 심신의 건강 유지, 뚜렷한 목표의식 함양, 산악작가로의 입문 과정,<br>우리 산천의 아름다움 만끽 | | |
| | 부정<br>요소 | 상당한 경비 지출, 홀로 산행에 따른 사고 위험 상존, 많은 체력 소모,<br>홀로 산행에 따른 부정적 시선 | | |

# Ⅲ. 추진 기본 계획(안)

## 1. 땅통종주 추진 계획(안)

가. 원칙 : 모든 세상사 잊고 24시간 땅통종주만 매진

나. 방법
 ① 매월 2, 4주 금, 토요일에 1박 2일로 실시(민박, 모텔 등)
 ② 안전을 위해 대중교통 이용(버스, KTX, 택시 등)
 ③ 2주간 시간표에 의거 90% 완성된 산행기 작성

다. 2주간 시간표

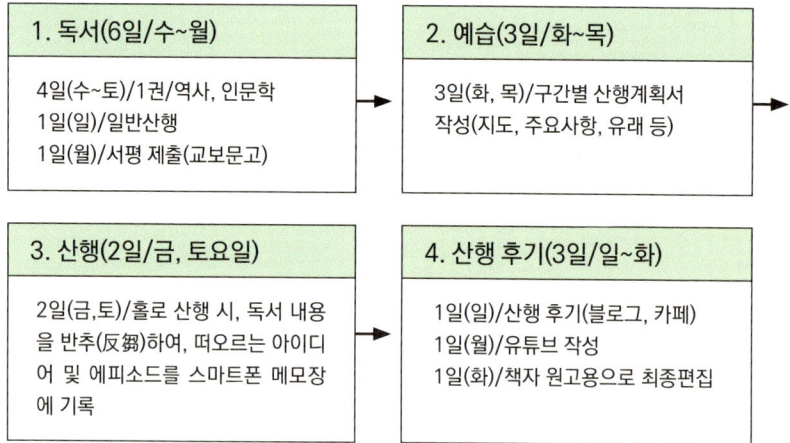

\* 종주계획서 완성 후, 산악잡지 및 신문사에 격주 연재 여부 타진 예정

라. 홍보전략
① 목표 : 삼천리금수강산의 아름다움을 전 국민에 홍보
 • 후답자에게 유익한 종주정보 제공
 • 유구한 우리 역사 소개 및 통일 붐 조성
② 세부내용 : 붙임
 • 유튜브 제작(2주간 전 과정 : 독서, 산행, 민박 등)
 • 삼각점이 있는 무명봉 나뭇가지에 포맥스 소재 표지판 부착

(준·희님 표지판 참조하여 제작)
- 산행 등로에 종주리본 제작 부착(나뭇가지)

## 2. 종주책자 발간 계획(안)

가. 목표 : 후답자에게 유익한 종주 정보 제공
- 삼천리금수강산을 전 국민에게 홍보하고, 한반도 완전종주의 꿈을 심어줌
- 우리 강토, 역사지리에 대해 깊이 파고들어 통일의 당위성 및 필요성 확산

나. 책명 : 역사지리와 함께하는 땅통종주
- 최초의 남한 최장 산길종주(1,350km)
- 출판사 : ○○미디어 출판사 예정(서울)

다. 차별화된 원고 작성방향
- 통과지역과 관련된 역사지리학·인문학 소개
- 홀로 종주 길에서 만난 자연의 아름다움 소개
- 민박집, 산에서 만난 사람, 종주 애환 소개

라. 산행사진 품질 향상 추진 : 사진촬영 이론과 실기(사진기초반) 수강
'19.3.8.~6.14. / 매주 금요일 19:00~22:00 / 전남대 평생교육원'

---

**땅통종주 책자가 독자의 관심을 끌려면…**

① 지금 에베레스트 정상을 올라도 신문에 기사 한 줄 안 난다. 백두대간 책자도 마찬가지다. 시중에 수십 권이 출판되어 있다.
② 차별성이 생명이다. 나는 땅통종주 책자 차별성의 롤 모델로 뉴욕타임즈 3년 연속 베스트셀러였던 『나를 부르는 숲』에서 찾고 싶다.
③ 휴머니즘이 가득한 책을 써야 한다. 『나를 부르는 숲』처럼 애팔래치아 산맥 3,360km 종주의 고단함과 아울러, 글을 읽으면서 웃을 수 있는 유머와 휴머니즘이 책 전반을 지배해야 한다. 따라서 땅통종주 원고도 비등산인이 재미있게 읽을 3~4장의 스토리를 만든 후, 그 스토리를 이정표 삼아 원고를 집필하는 것이 좋을 것 같다.

## Ⅳ. 소요예산 및 추진 일정

### 1. 소요예산 : 1,100만 원

| 구 분 | 금액(만 원) | 비 고 |
|---|---|---|
| 종주 산행비 | 600 | 74구간 x 8만 원/1회당 |
| 책자 발행비 | 500 | 출판사 문의가(서울 구의동) |

### 2. 추진 일정

| 기 간 | | 주요내용 | 비 고 |
|---|---|---|---|
| 2018 | 8~12월 | 한국사능력시험 준비 | 한국사시험 1급 합격(2019.1.)<br>한국사시험 2급 합격(2018.10.) |
| 2019 | 2~3월 | 호남정맥, 9구간, 197km | 번외구간 : 망덕포구~땅끝기맥<br>분기점(바람봉)까지 4~5월 |
| | 4~5월 | 종주시작점 땅끝기맥,<br>7구간, 140km | 해남 땅끝 – 호남정맥 바람봉 접속점 |
| | 5~9월 | 호남정맥, 19구간, 311km | 바람봉 – 영취산 |
| | 10~11월 | 백두대간, 8구간, ○km | 지리산 중산리 – 무주 빼재 |
| 2020 | 4~10월 | 백두대간, 29구간, ○km | 무주 빼재 – 고성 진부령 |
| | 10월 | 종주도착점 죽변분맥,<br>2구간, 53km | 마산봉 – 통일전망대 |
| | 12월 | 원고 제출 | |
| 2021 | 1~2월 | 원고 수정(1, 2차) | |
| | 4월 | 책자 발행 | |

# V. 장기 계획

## 퇴직 후 하고 싶은 일 : 산악 작가

### 1. 산악 작가를 꿈꾼 배경
- 어릴 때부터 책 읽기를 좋아했고, 소설가를 꿈꾸(Dream)었음.
- 10년 전 등산에 입문하여, 4년 전 산악회와 백두대간을 처음 완주 후 '백두대간 책자를 출판해야겠다'고 결심. 홀로 대중교통을 이용하여 백두대간을 2차 완주하였으며, 현재 9개 정맥도 종주 중에 있음
- 임금피크제 기간부터 본격적으로 글을 쓰려고 기다리고 있었음

### 2. 은퇴 후 평생 일거리와 연계
- 임하는 자세 : 긍정적 자세로 접근
    - '건강관리를 한다', '노후에 내가 하고 싶은 일을 한다'는 자세
- 용돈 정도는 해결할 수 있도록 추진
    - 책 인지대, 산악문화 해설사, 숲 해설사 및 한자지도사 수수료 등

### 3. 퇴직 후 장기일정(안)
- 2019. 2.~2021. 4.(땅통종주 및 책자 발행)
- 2021. 5.~2023. 12.(전남 100대 명산 책자 발행)
- 2024~25.(전북 100대 명산 책자)
- 2026~27.(경남 100대 명산 책자)

※ 통일 되면 도별 100대 명산 일정을 중단하고, 백두산을 거쳐 두만강(온성)까지 종주에 전념

**첨부 2**

# 땅통종주 1차 보완 계획(안)

2019. 12. 23.

작성자 : 나종대(카프리)
카운슬러 : 류보경(아내)

※ 땅통종주 : 해남 땅끝에서 고성 통일전망대까지 남한 최장 산길 종주를 말함

# I. 보완 배경

땅통종주가 절반을 넘어선 시점에서 지금까지 산행을 피드백하고, 향후 계획적 종주를 위해 1차 보완 실시
  → 4개 항목 보완 / 65구간으로 수정(당초 : 66구간)

---

**땅통 종주 개요**

가. 기간 : 2019년 4월 ~ 2020년 10월(1년 7개월)
나. 구간 : 해남 땅끝 – 고성 통일전망대
  • 산행거리 : 1,350km(GPS) / 65구간
  • 주요경로 : 땅끝기맥(땅끝) → 호남정맥 → 백두대간 → 통일전망대
다. 누구랑 : 홀로

---

☞ '19년 12월 말 현재 52% 진행(1,360km 중 710km 진행)

# II. 추진 방향

| 목표 | 삼천리금수강산에서 浩然之氣 만끽 | | | | |
|---|---|---|---|---|---|
| 추진 전략 | | 땅통종주 | | | 종주 책자 |
| | 건강·멘탈 | 아내 | 홍보 | | 알찬 산행 후기 |
| | • 헬스(매일)<br>• 일비일희 않기<br>• 7시간 수면<br>• 무박산행 금지 | • 감사한 마음/대화<br>• 카드 사용 줄이기<br>• 하루 1개 유머<br>• 가사돕기(청소 등) | • 유튜브 작성(7분)<br>• 산봉우리 표지판<br>• 종주 리본 부착<br>• 블로그/카페 게시 | | • 2주에 1권 독서<br>• 서평 쓰기<br>• 역사지리/인문학 소개<br>• 아름다운 자연 소개 |
| 추진 환경 | 긍정 요소 | 심신의 건강 유지, 뚜렷한 목표의식 함양, 산악작가로의 입문 과정, 우리 산천의 아름다움 만끽 | | | |
| | 부정 요소 | 상당한 경비 지출, 홀로 산행에 따른 사고 위험 상존, 많은 체력 소모, 홀로 산행에 따른 부정적 시선 | | | |

※ 후기 중점 사항
- 차별화된 원고 : 독자가 현장을 누비는 듯하면서 웃음과 뭉클함이 솟아나는 원고
- 선답자 사진 활용 : 산악잡지(사람과 산 · 월간 산), 국립공원공모전(1~18회) 등

## Ⅲ. 1차 보완 주요내용

### 1) 〈사람과 산〉 원고 · 사진에만 집중
세 가지 사항 하지 않음 : 유튜브 작성(7분), 산봉우리 표지판 부착, 서평쓰기

### 2) 동계, 하계 산행도 매월 실시 : 1개월에 2구간씩 실시
당초 계획 : 동계(19.12.~20.3.), 하계(20.7.~8.)에는 산행 쉼

### 3) 차별화된 산행 후기 작성
- 독서, 우수산행기를 통한 산행 준비 및 후기 작성
  - 중점적으로 읽을 책 :『충무공 이순신 전서』4권,『논어』, 사마천『사기』6권
  - 우수산행기 : 〈사람과 산〉 편집장 및 문예진 기자 산행 후기
- 산행 중 수시 메모 및 EBS 고전 읽기 · 유튜브 청취

### 4) 사진 실력 초보 탈출
- 사진 기능사 자격증 취득(필기 4월, 실기 6월 응시)
- 전남대 평생교육원 사진과정 수강(3월부터)
- 산행 전 선답자 우수사진 예습
  - 산악 잡지(사람과 산 · 월간 산), 국립공원공모전 사진(1~18회) 등

## Ⅳ. 향후 계획 : 65구간으로 운영

| 구 분 | 진행 과정 | 비 고 |
|---|---|---|
| 땅끝기맥 호남정맥 | 출발 : 19.4.14.(해남 땅끝)<br>① 19.4.14.~6.1./ 8구간/154.3km<br>② 19.6.15.~10.21./20구간/421.4km | |
| 백두대간 | ① 19.10.27.~20.10.18./37구간/790.9km<br>도착 : 20.10.18.(고성 통일전망대) | |
| 원고작성 및 책자 발행 | ① 20.11.~21.6. | |